Grüße vom Sofa
FÜNFMINUTENGESCHICHTEN

Brit Gloss

Grüße vom Sofa
FÜNFMINUTENGESCHICHTEN

saxophon

Inhalt

7 An der Nulllinie

13 Nächster Halt

21 Neue Kasse, bitte!

27 Von den Socken

31 Unterm Strich

35 Grün beruhigt

41 Plötzlich ist Montag

45 Im Angebot

51 Lukullischer Kaltschaum

55 Mit Bulldogge auf Tuchfühlung

61 Mach' ich morgen

65 Bahn und Spiele

71 Grüße vom Sofa

75 Vom Zucken der Bäume

81 Atemlos am Laufband

85 Früher Vogel

An der Nulllinie

Meine Nase meldet: »Gefahr durch Ersticken!« Eine kleine Überreaktion, wie ich kurz darauf feststelle. Doch ein Zuviel ist definitiv in meiner Nase. Ein Zuviel an zu viel Parfüm. Ist es eigentlich Zufall oder Bestimmung, dass mit einem Zuviel an Parfüm immer ein Zuwenig an geografischer Distanz einhergeht?

Das junge Ding, das zu der Wolke aus Chanel gehört, setzt sich zwanzig Zentimeter neben mich auf einen freien Stuhl. Es ist nicht der einzige freie Platz in meinem Lieblingscafé, das mich an guten Tagen mit einem tollen Blick aufs Blaue Wunder verwöhnt und an schlechten Tagen mit ebendiesem tröstet. Bis grad eben waren alle Außenplätze auf der gefühlten Länge der Champs-Élysées frei. Nun gut, ich glaube, ich habe verstanden: das Gesetz der Resonanz. Bei den unguten Schwingungen, die ich heute aussende, muss ich mich nicht wundern, was mir serviert wird – für Augen, Ohren und Nase.

Es ist Montag. Wenn ich ehrlich bin, ich hätte es morgens schon ahnen können: Dieser Tag ist nicht auf meiner Seite. Und das beweist er mir auch – charmant und äußerst einfallsreich.

Lange bevor der Wecker klingelt, bin ich wach. Obwohl ich erst Mitternacht das Licht ausgemacht habe. Schlafmangel gepaart mit schlechter Laune – welch explosives Gemisch. Ich habe PMS. Es sind die Tage vor den Tagen. Gereiztheit. Unwohlsein. Unreine Haut. Emotional dünnes Eis. Das ganze Programm. Zeit also, den Rest der Welt mit verachtendem Desinteresse zu strafen. Es konnte einem sowieso keiner recht machen. Am wenigsten man selbst. Ich bin überzeugt, dass es solche Tage auch bei Männern gibt. Nur nennen sie es nicht PMS, sondern scheiß Montag. Wahlweise auch scheiß Dienstag. Oder, oder, oder. Wenigstens folgt bei ihnen anschließend kein Blutvergießen. Zumindest normalerweise nicht.

Glücklicherweise habe ich heute frei. Damit sind Zusammenstöße mit Kollegen schon mal ausgeschlossen. Immerhin. Ich könnte mich umdrehen, in meine Decken eingraben und vierundzwanzig Stunden tot stellen. Doch ich habe Termine.

Beim Stichwort Termine fällt es mir wieder ein: Meine Regel ist seit drei Tagen überfällig. Wie sie mich nervt, diese anhaltende Habacht-Stellung. Die Regel kündigt sich nur an. Wie eine Kaltfront. Oder ein Sturmtief. Mit Tendenz zu Orkanböen. Noch nichts zu sehen; man ahnt es nur. Mit einem leichten Ziehen im Unterleib. Und einer Stimmungs- und Energiekurve, die sich seit zweiundsiebzig Stunden im Sinkflug befindet.

Mittlerweile frage ich mich, ob dieser ganze Eiertanz am Ende ein erstes Anzeichen meiner beginnenden Wechseljahre sein könnte.

Und wenn ja, werde ich zu den begnadeten acht Prozent der Frauen gehören, die in diesen Jahren so richtig aufblühen? Oder würden stattdessen die Pickel meiner Jugend zu neuem Leben erwachen, begleitet von depressiven Verstimmungen, ängstlichen Verspannungen und aggressiven Attitüden? Und klingt Attitüde hier nicht schon stark nach überspannter Mittfünfzigerin, obwohl ich gerade mal Ende vierzig bin?

Nach meinen Gedankenspielchen bin ich nun auch noch spät dran. Schön, wenn schlechte Laune auf Hektik trifft. Der Verkehr ist kurz gesagt montagsmäßig. Ich bin übellaunig. Und der Stadtverkehr passt sich mir nichts, dir nichts an. So, als wollte er nicht auffallen in meinem Leben an der Nulllinie. Geht das tatsächlich nur mir so? Bis in die Innenstadt bleiben mir exakt vierzehn Minuten. Normalerweise reicht das. Heute jedoch brauche ich dreißig. Schön. Erster Termin. Erste Verspätung.

Die Dame vom Amt, mit der ich verabredet bin, schaut mich aus blassgrauen Augen farblos an und lässt mich mit den Worten abblitzen: »Tut mir leid, aber wer zu spät kommt, den bestraft eben das Leben.« Hatte sich denn jeder politisch noch so Desinteressierte diesen historischen Satz hinter den Schmink- oder Rasierspiegel geklemmt, um ihn dann halbherzig und gedankenlos in den banalsten Momenten des Lebens zu zitieren? Leider bin ich weder in der Verfassung noch in der Position, ihr eine passende Antwort zu geben. So folge ich stumm ihrem Finger, der mir den Weg Richtung Wartezimmer-Automat zeigt.

Ich darf eine Nummer ziehen. Wie all die anderen ohne Termin. Und dann warten. Ich setze mich auf einen der mattbraunen Stühle in Holzoptik. Der Designer dieses Sitzmöbels hatte wohl nicht eine Sekunde auf seiner Erfindung sitzen, geschweige denn sie länger als zehn Sekunden anschauen müssen. Mein Rücken jedenfalls signalisiert mir bereits nach vier Minuten dreißig Sekunden mit schmerzvollen Muskelkontraktionen, dass er hier nicht lang bleiben möchte. Meine Augen stimmen ohne Umschweife zu. Die Zeit tropft dahin. Die Wanduhr vier Köpfe über mir tickt.

Ich muss an meine warme Bettdecke denken. Spüre, wie sich Wasser hinter meinen Lidern sammelt. Eine wirklich gute Idee: losheulen, weil mich das Fräulein vom Amt nicht in seine warme Stube lässt. Ist es möglich, dass dieser Tag dabei ist, angesichts meiner hormonellen Schwankungen komplett aus der Spur zu geraten?

Fünfundsiebzig Minuten später bemerke ich, dass ich einige Aushänge des Amtes bereits auswendig kenne und zu reimen beginne. Ob es eine Sammlung mit Amtsstuben-Versen im Kehr- oder Stabreim auf die Spiegel-Bestsellerliste schaffen würde? Glücklicherweise erscheint meine Nummer im Display. Schluss mit Reimen. Zeit für die warme Stube. Eineinhalb Minuten später bin ich mit einem Berg Papier und zwei Sätzen im Ohr wieder draußen. »Sie haben das falsche Formular erwischt. Da müssen Sie noch mal ran und dann einen neuen Termin vereinbaren.« Mit geübtem Griff reicht sie mir acht dicht bedruckte Seiten.

Als ich wieder auf dem Amtsflur stehe, stelle ich fest, dass sich keiner ihrer Sätze gereimt hat. Wahrscheinlich eine Schutzreaktion meines Großhirns, sich jetzt mit solchen Dingen zu befassen. So bemerke ich zunächst nicht einmal, dass ich für acht Blatt Papier fast eineinhalb Stunden angestanden habe. Okay, angesessen. Ich brauche eine Weile, bis die Erkenntnis in mir nachrutscht. Dann allerdings bleibt selbst dem Verstand kurzzeitig die Spucke weg.

Ein Strafzettel klemmt hinter der Windschutzscheibe, als ich zu meinem Auto komme. Die Parkzeit ist abgelaufen. Wow, Tag, du hast echt Nerven. Ich setze mich ins Auto. Starre minutenlang vor mich hin. Wenn ich könnte, würde ich heulen. Aber ich habe nicht einmal mehr Tränen. Wie im Autopilotmodus starte ich den Motor und fahre zu meinem nächsten Termin. Für den ich zu spät bin. Kleingeld für die Parkuhr habe ich auch keins mehr. Vielleicht sollte ich den Strafzettel gleich am Scheibenwischer stecken lassen?

Am frühen Nachmittag lasse ich die Innenstadt endlich hinter mir. Kurz entschlossen stoppe ich unterwegs, suche mir einen Sonnenplatz im Café und bestelle einen Espresso. Vielleicht ist ja wenigstens der Nachmittag noch zu retten?

Die warme Sonne auf der Haut fühlt sich gut an. Ich habe den Satz kaum zu Ende gedacht, als einer der Kellner entschlossen und geräuschvoll die Jalousie nach unten dreht. Die Hälfte der Plätze liegt nun im Schatten. Ich sitze in der Sonne. Noch. Der Kellner blickt mich an. Hebt den Arm in Richtung zweite Jalousie, lässt ihn dann wieder sinken und fragt höflich: »Oder möchten Sie lieber Sonne?« Möchte ich.

Da haben wir noch mal Glück gehabt. Er und ich. Nicht auszudenken, wie das bisschen An-der-falschen-Kurbel-Drehen hätte ausgehen können. Manchmal bekomme ich in solchen Momenten den klitzekleinen Hauch einer Ahnung, warum Menschen plötzlich und ohne Vorwarnung durchdrehen. Ich merke, mit PMS ist nicht zu spaßen. Ich schließe meine Augen. Für den Bruchteil einer Sekunde entspannen sich meine Muskeln. Aber der Tag kennt kein Pardon.

Fräulein Chanel tritt auf den Plan. Gemeinsam mit ihrer Wolke aus Parfüm setzt sie sich eine Handbreit neben mich. Unsere Blicke kreuzen sich kurz. Ich könnte sie bitten, sich einen anderen Platz zu suchen, ein paar Tische weiter weg. Oder am besten gleich auf der anderen Elbseite. Ich tue es nicht. Im Stillen hoffe ich, sie liest mir meine Mischung aus Bitte und Wut von den Augen ab. Sie bleibt bei ihrer Platzwahl. Überraschungsfrei heute.

Und scheinbar schwinge ich auch weiter an der Nulllinie. Denn wenig später parkt direkt vor dem Café ein Kleinbus ein. Klingt harmlos. Allerdings benötigt er für die acht Meter große Lücke acht Minuten. Vor. Zurück. Schräg vor. Schief zurück. Und stößt dabei eine Abgaswolke aus, bei der selbst Chanel das Handtuch wirft. Irgendwann kommt er doch zum Stehen – in der Mitte der Lücke. Weitere Parkflächen fallen damit aus. In die vorn und hinten verbleibenden Restposten passt nicht mal mehr ein Smart.

Zu Fräulein Chanel hat sich mittlerweile ihr schmaler Freund gesellt. In der rangierfreien Stille kann ich ihr Gespräch am Nachbartisch hören. Das junge Paar tauscht sich Händchen haltend übers Wetter aus. Innerhalb der kommenden vier Tage soll die Temperatur um zehn Grad absacken. Begleitet von Dauerregen.

Die zehn Grad betont Fräulein Chanel, als drohe die nächste Eiszeit. Was leider nicht ganz falsch ist. Ich hatte es zwischenzeitlich fast vergessen. Verdrängt trifft es wohl besser. Aus gutem Grund: In vier Tagen beginnt das Pfingstwochenende.

Wir wollen zelten fahren. Campen, wie es neudeutsch heißt. Klingt vielleicht cooler, bedeutet aber genau dasselbe: Zwischen vorhergesagter Kälte mit Dauerregen und unseren Schlafsäcken und Matten wäre nur ein Hauch von Stoff. Wenn es gut lief, würde selbiger zumindest dicht halten – wenn schon nicht gegen die Kälte, dann immerhin gegen die Wassermassen. Und wenn es schlecht lief? Dann hätten wir in unserer Freizeitvilla fließend Wasser von allen vier Wänden. Innenwänden. Was für ein scheiß Montag.

Warum bin ich mit PMS im Kopf und Gegrummel im Unterleib überhaupt losgezogen? Ich hätte Termine Termine sein lassen sollen. Hätte ein Knöllchen am Auto und eine Live-Wettervorhersage im Ohr weniger. Schön wär's. Ich muss sehen, dass ich nach Hause komme. Und zwar bevor jemand zu Schaden kommt. Fräulein Chanel habe ich sowieso schon auf dem Kieker. Und ihr Gekicher zur Wettervorhersage katapultiert ihre Überlebenschancen in Richtung meiner Laune – an die Nulllinie.

Ich zahle und verlasse eilig meinen Sonnenplatz. Mir scheint, als atmete der Kellner auf, als ich gehe. Ich könnte es verstehen. Eine halbe Stunde später bin ich daheim. Ich bin mir nicht ganz sicher, ob nicht ein generelles Aufatmen durch diese Stadt geht, als ich die Wohnungstür hinter mir schließe.

Und nein, ich kriege die Kurve heute nicht. Meine schlechte Laune hat sich dermaßen in meinen Poren festgesetzt, dass selbst ein halbstündiges Basenbad am Abend nichts daran ändern kann. Es ist, wie es ist, ist das Letzte, was mir einfällt, bevor mir im Bett die Augen zufallen. Morgen ist ein neuer Tag. Hoffentlich einer mit ein bisschen Regel, ein bisschen Energie und ein bisschen Laune im Plusbereich. Sonst, so versprach ich der Welt im Dunkel der Nacht, würde ich unter der Decke bleiben.

Nächster Halt

»**M**utti? Ja, ich komm grad aus der Schule.« Die Frau mit dem Handy am Ohr ist in den Vierzigern. Sie sieht blass aus. Es ist die ungewohnte Kombination aus Mittvierzigerin und Schule, die meine Neugier wie im Autofokusmodus anspringen lässt. Obgleich mein Verstand dezent darauf hinweist, dass mich das ja eigentlich überhaupt nichts angeht.

Ich fahre mit der Straßenbahn. Tram, wie es neudeutsch heißt. Es ist Mittwochmorgen. 8.30 Uhr. Der automatischen Ansage beim Verkünden der Haltestelle »Altenberger Platz« würde ich am liebsten in allen sozialen Netzwerken ein »gefällt mir« geben. Ich mag es, wie sie dieses »Platz« betont. So, als müsse der Welpe noch lernen, sich hinzusetzen.

»Ja, ich hab mit ihr gesprochen. Und sie dann in den Arm genommen. Und dann haben wir beide geweint.« Bei diesen Sätzen bricht der Mittvierzigerin leicht die Stimme weg. Eigentlich geht es mich nichts an. Und eigentlich mag ich es nicht, wenn wildfremde Menschen mir ungefragt ihre lautstark erzählten Geschichten aufs Ohr drücken. Doch nach dieser Sequenz lässt auch mein Verstand die gute Kinderstube sausen, schickt an die Ohren Befehl zum Mithören und den Auftrag an die Augen, einen Sitzplatz in unmittelbarer Nähe des Geschehens zu suchen. Tränen noch vor neun Uhr morgens – da konnte sich so mancher Tatort aus welcher deutschen Großstadt auch immer eine gehörige Scheibe abschneiden.

Glücklicherweise steht der junge Mann in der Sitzreihe hinter der Mittvierzigerin auf. Der nächste Halt ist seiner, und ich spute mich, damit mir die Pole-Position fürs Geschichtenhören keiner streitig macht. Kaum dass ich sitze, lehne ich mich entspannt zurück, warte auf den Fortgang des Gesprächs und genieße die aufsteigende warme Luft aus der Heizung unter mir. Spüre, wie ich langsam auftaue.

Bis vor wenigen Augenblicken war in meinem rechten kleinen Zeh außer Kälte kein Gefühl mehr. Ich stand an der Haltestelle. Die digitale Anzeige versprach eine Tram in zwei Minuten. Allerdings tat sie das bereits seit mehr als zehn Minuten. Mir ist kalt. Memme, denke ich. Bin ich denn überhaupt nix mehr gewöhnt? Verhätschelt von Sitzheizung und warmem Gebläse meines Autos?

Unaufhörlich kriecht die Kälte an mir hoch. Der Winter trifft mich unerwartet. Okay, unerwartet mitten im Januar klingt seltsam. Aber ich habe auch schon länger nicht mehr an Haltestellen dieser Stadt gestanden. Und ausgerechnet heute ist es gelinde gesagt arschkalt. Nein, wieso ausgerechnet arschkalt? Meine Füße sind viel kälter als mein Hinterteil. Woher diese Bezeichnung wohl kam? Und überhaupt: Fror man unten herum nicht viel schneller als hinten?

Vielleicht klingt fußkalt einfach zu harmlos. Es sei denn, man wollte eine angeranzte dunkle Altbauwohnung in halbbester Wohnlage im innerstädtischen Speckrand vermieten, da klang fußkalt nach klassischem No go. Im Sinne von: nein, danke. Jedenfalls für mich. Zum Glück bin ich nicht obdachlos, sondern nur ohne Auto. Heute mal. Morgen wohl auch. Mein Auto ist in der Werkstatt. Ich muss an meinen treuen Golf denken. Der hat es gut. Steht warm und trocken.

Im Display springt die Anzeige auf eine Minute. Und im selben Moment sehe ich die Bahn um die Ecke biegen. Es wird doch noch alles gut. Ich könnte in zwanzig Minuten im Büro sein. Warm und trocken, fällt mir ein. Ich spüre Vorfreude aufsteigen. In meiner linken Hand halte ich zwei Euro dreißig passendes Kleingeld für den Fahrkartenautomaten. Hoffentlich rasselten die Münzen nicht durch. Es ist mein einziges Kleingeld. Das jetzt schon ein bisschen feucht-kalt ist vom krampfhaften Festhalten.

Die Sätze der Mittvierzigerin vor mir holen mich zurück zum Livebericht aus der Schule: »Ja, die hat auch geweint. Und stell dir vor, die Müllern hat alles mitbekommen. Aber denke mal nicht, dass die gefragt hätte. Na, die wird noch sehen, was sie davon hat.« Die Geschichte geht also weiter. Gut, dass die Handyverbindung schlecht zu sein scheint. Denn die Mittvierzigerin spricht ziemlich laut. Den einen oder anderen Satz wiederholt sie sogar. Ich kann der Story ohne Mühe folgen, die Sätze kommen deutlich in meiner Sitzreihe an. Wahrscheinlich nicht nur in meiner.

Ich muss an die Bahnfahrten meiner Kindheit denken. Bilde ich mir das nur ein oder war früher mehr Stille? Ruhe in der Bahn? Die auch noch Bahn hieß und nicht Tram. Vertraute Gespräche in Familie und unter Freunden waberten meist flüsternd zwischen den Sitzplätzen. Mithören? Keine Chance. Neugier kam da erst gar nicht auf. Seltene Ausnahme: Die achtzigjährige Oma stieg mit ihrer Enkelin zu. Und erzählte, nachdem sie auf dem Schwerbeschädigtensitz vorn rechts Platz genommen hatte, der vor ihr stehenden Vierzehnjährigen von ihrem schönen Ausflug mit der Volkssolidarität. Lautstark, weil schwerhörig. Die Oma. Nicht die Enkelin. Die wiederum lief binnen Sekunden tiefrot an, weil mindestens sechzig Augenpaare auf ihr und der Oma ruhten. Und sechzig Ohrenpaare mithörten.

Ein Geräusch reißt mich aus meinen Erinnerungen. Die Frau vor mir steht auf. Wo will sie denn hin? Aussteigen? Aber doch nicht jetzt, die Geschichte ist ja noch gar nicht zu Ende! Panik steigt in mir hoch. Doch sie drückt bereits entschlossen auf den Knopf. Wagen hält – blinkt prompt die Anzeige schräg über mir auf. Ich schaue auf die Uhr. Ob ich mit aussteige? Nur für ein paar Minuten? Wenigstens den Hauptteil der Geschichte noch hören. Oder kurz nachfragen, wer denn noch geweint hat. Und warum die Müllern ihr nicht beigestanden hat. Und ob das vielleicht so eine zickige Endfünfzigerin in den Wechseljahren ist, die ihre Lebensschieflage an unschuldigen Kolleginnen auslebt. Und ob sie eine Rechtsschutzversicherung hat. Nicht die Endfünfzigerin, sondern die junge Frau. Nun ja, sie ist auch schon gut in die vierzig. Typische Zeit für einen Burnout. Da muss sie wirklich aufpassen. Das geht schnell. Die Arme. Vielleicht sollte ich ihr meine Telefonnummer geben? Für den Notfall? Wir könnten reden. Immerhin. Obwohl der Notfall eigentlich schon eingetreten ist. Das Kind liegt ja schon im Brunnen. Na ja, das Kind in diesem Fall nicht. Eher die Dame um die vierzig mit mittlerem Burnout.

Mist. Ich muss spätestens in einer halben Stunde im Büro sein. Mist, Mist, Mist. Ich könnte sie fragen, ob sie morgens immer um diese Zeit Bahn fährt. Ach nee, Tram. Dann könnte sie morgen früh weitererzählen. Doch ich bin zu spät. Während mein Gedankenkarussell schwungvoll kreist, haben sich längst die Türen wieder geschlossen. Hinter der Mittvierzigerin. Sie ist draußen. Und ich bin immer noch in der Tram. Ich würde nie erfahren, wer noch geweint hatte. Und wieso an einem Mittwochmorgen überhaupt geweint wurde. Erschöpft schließe ich die Augen.

Mit einem Klong teilt mir kurz darauf die freundliche Dame vom Band den nächsten Halt mit. Ich öffne die Augen und blicke nach draußen. Das mir vertraute gemauerte Wartehäuschen taucht zu meiner Rechten auf. Ein Wartehäuschen, das seinen Namen wirklich noch verdient. Hier konnte man notfalls einziehen, falls es mit der Tram mal länger dauerte. Ein Bild von früher kommt mir in den Sinn. Ich bin auf dem Weg zum Gitarrenunterricht. Mein banger Blick ist nach links gerichtet. Wartend auf die Bahn meiner Wünsche. Oder meines Albtraums. Und prompt zeigt sich am Horizont der gestaltgewordene Albtraum: die alte Linie 4. Blassgelb. Doch das Problem ist nicht die Farbe bzw. die Abwesenheit von Farbe, sondern die Tür. Türen, die sich nicht automatisch öffnen. Hier ist noch selbst Hand anzulegen. Nur wie, mit der Kraft einer vorpubertierenden Dreizehnjährigen, die über der rechten Schulter ihre Gitarre hängen hat und in der linken Hand die Mappe mit den Notenblättern hält?

Die Straßenbahn kommt vor mir zum Stehen. Keiner möchte ein- oder aussteigen. Keiner außer mir. Meine Hände sind feucht vor Aufregung. Ich zerre an der Tür. Macht sich mit nassen Händen, dafür ohne Kraft, ganz besonders gut. Die Tür öffnet sich einen winzigen Spalt. Ich erhasche einen Blick nach innen. Dann hole ich Luft. Nur ganz kurz. Aber in diesen Millisekunden lässt die

Kraft in meinen Armen für ebendiese nach. Die Tür springt wieder zu. Das Spiel wiederholt sich drei, vier Mal. Aber ohne Atmen geht es nun mal nicht. Dann reißt mich ein Klingeln aus meinem Kraftakt. Der Fahrer hat beschlossen, wenn ich nicht will, will er auch nicht. Ich springe zurück. Und schaue wenig später dem Stahlmonster stumm und fassungslos hinterher. Weg ist es.

Ich bleibe allein zurück. Hinter mir lärmt der Kindergarten, vor mir blicken mich die Wartenden von der Haltestelle gegenüber mitleidig an. Am liebsten würde ich ihnen die Zunge rausstrecken. Aber das traue ich mir nicht. Stattdessen schaue ich wieder nach links zum Horizont. In der stillen Hoffnung, dass als Nächstes eine neue Bahn kommt. Ein Tatra-Zug. Aus unserem tschechischen Bruderland. Bei dem sich die Türen auf Knopfdruck öffnen lassen. Glücklicherweise habe ich stets den zeitlichen Puffer für eine Monsterbahn mit eingerechnet. Sonst wäre ich wohl zu keiner meiner Gitarrenstunden pünktlich gewesen.

»Also, diesen Schmerz vergesse ich mein' Lebtag nicht. Und dann überall das Blut.« Mit zwei Sätzen hat mich die Gegenwart wieder. Ich schaue mich um und entdecke einen jungen Mann an Krücken. Er muss sich mitten in meiner sentimentalen Rückschau den Platz vor mir gesichert haben. Er trägt eine blickdichte Strumpfhose am rechten Bein. Ganz sicher nicht freiwillig. Der Abdruck eines Verbandes zeigt sich durch die Blickdichtheit. Neben ihm und seiner Krücke sitzt eine blasse junge Frau mit einer ebenso blass-grauen Strickmütze auf dem Kopf. Möglicherweise ist dem jungen Ding aber auch nur sämtliches Blut aus Kopf und Strick gewichen angesichts der von ihrem Freund erzählten Horrorgeschichten. Nach seinen ersten Sätzen, die mein Ohr gerade versucht zu verarbeiten, durchaus nachvollziehbar.

Allein wenn ich das Wort Blut höre, wimmelt es vor meinem geistigen Auge nur so von Kurzfilmen, die sicher nicht jugendfrei sind. Dabei wollte ich, als ich klein war, gern Ärztin werden. Was für ein schönes Bild – ich im weißen Kittel, das Stethoskop um den Hals und ein Namensschild an der Brust: Frau Doktor. Den Namen wollte ich lieber weglassen. Frau Doktor Bloß, wie klingt denn das, ach, bloß die Frau Doktor. Um dann nachzufragen, wann denn nun endlich der Arzt käme. Na danke. Das Ergänzungsmenü zu meinem Weißkittel samt Stethoskop war schlicht und ergreifend in meinem Traumberuf nicht vorhanden. Kein Blutvergießen, keine klaffenden Wunden. Alles sauber und rein. Irgendwie gut, dass ich mich später beruflich anderweitig orientiert habe.

Mein Frühstück von heute Morgen fällt mir ein. Vielleicht, weil da nicht viel ist, woran ich mich erinnern könnte? Zwei Bisse ins Brötchen, dazu eine halbe Tasse Kaffee. Mehr Zeit war nicht, sonst hätte ich den Werkstatttermin nicht geschafft. Jetzt ist mein quasi nüchterner Magen umso anfälliger für blutrünstige Geschichten. Ich schaue mich unauffällig um, vielleicht war ja noch ein anderer Platz frei? Fehlanzeige. Morgens zwanzig vor neun sind alle Plätze besetzt. Gebe ich jetzt diesen Platz auf, stehe ich den Rest der Fahrt, so viel ist sicher. Denn ich bin zwar im gesetzteren Alter, das heißt aber noch lange nicht, dass ich mich immer und überall setzen darf oder kann.

Wenn ich allerdings ehrlich bin, kann man es mir in dieser Angelegenheit nicht wirklich recht machen: Steht keiner auf, bin ich beleidigt, weil niemand Rücksicht auf mein Wohlbefinden nimmt. Steht jedoch jemand auf, um mir seinen Platz anzubieten, bin ich für den Rest des Tages am Boden zerstört und frage mich: Sehe ich wirklich schon so alt aus?

»Dass man sich beim Squash dermaßen verletzen kann, unglaublich.« Ach ja, der junge Mann ist auch noch da. Meine Ohren und Augen liegen im stillen Clinch, hinhören oder wegsehen. Mein Magen ruft irgendwann dazwischen: Ich kann hier gleich für nichts mehr garantieren! Blutgrätsche am frühen Morgen, also bitte. Aber es ist diese Mischung aus Angewidertsein und Neugierde. Ich kann bald nicht mehr zuhören – zu viele Details auf zu wenig Frühstück. Aber irgendwie will ich auch kein Puzzleteil der Geschichte verpassen.

Erst als ein flaues Gefühl in mir hochsteigt, springe ich ohne weiter nachzudenken auf und eile in den hinteren Teil der Bahn. Tram. Jedenfalls außer Hörweite. Vielleicht gerade noch rechtzeitig. Bevor Frühstück von heute Morgen und Schnitzel von gestern

Abend gemeinsam noch mal Hallo sagen würden. Zum Glück entdecke ich einen freien Platz.

Kurz darauf bleibt ein Herr mittleren Jahrgangs vor mir stehen. Will er meinen Sitzplatz? Würde er beleidigt sein, wenn ich sitzen bleibe? Oder eher, wenn ich aufstehe? »Ihren Fahrausweis, bitte«, spricht er mich in freundlich-forderndem Ton an. Es braucht einen Moment, bis die Nachricht angekommen und verdaut ist. Dann öffne ich langsam meine verschwitze linke Hand. Zwei Euro dreißig. Passend. Scheiße. Vor lauter Tränen, sentimentalen Erinnerungen und Blut im Stützstrumpf hatte ich vergessen, mein Ticket zu lösen.

Ich schaue in die immer noch freundlichen Augen des Kontrolleurs. Der mich nun höflich, aber bestimmt bittet, mit ihm an der nächsten Haltestelle auszusteigen. Ich könnte ihn fragen, ob er eine spannende Geschichte für mich hat, die das Aussteigen lohnt. Aber wenn ich ehrlich bin, ich kenne die Geschichte schon. Es ist eine ohne Blutvergießen. Aber auch ohne Happy End.

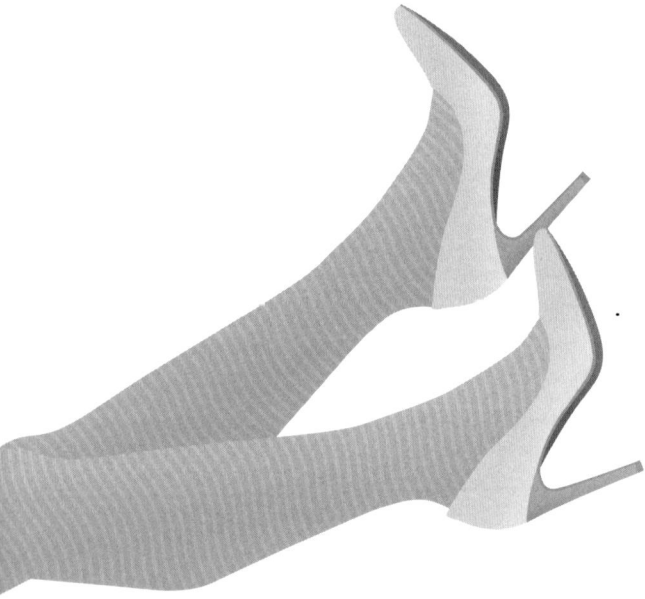

Neue Kasse, bitte!

Zweihundert Gramm Haselnusskerne. Gemahlen. Mist. Wie hatte ich diesen Teil des Rezeptes nur überlesen können! Es ist Freitagabend. Morgen ist Feiertag.

Ich will backen. Heute. Aber ohne gemahlene Haselnusskerne machen meine geplanten Haselnusstaler wenig Sinn. Auf der Suche nach Ersatzstoffen durchwühle ich meinen Küchenschrank. Ich habe nicht den Hauch einer Ahnung, was ich zu finden hoffe. Wogegen ließen sich denn Haselnusskerne austauschen? Kurkuma? Karibischer Rohrzucker? Haferflocken? Alles da. Aber wohl kaum eine Alternative.

In zwei Stunden schließen sich die Türen des Edeka-Marktes bei mir um die Ecke. Und zwar für achtundvierzig Stunden. Am Stück! Und mit ihnen auch sämtliche Supermärkte der Stadt. Das kommt für viele einer angekündigten Hungersnot gleich. Mir nicht. Noch beim Mittagessen hatte ich gegenüber meinen Kollegen vollmundig verkündet, ich hätte längst alle Vorräte fürs Feiertags-Wochenende beisammen. Und überhaupt wäre es nur eine Frage der guten Planung. Zum Einkauf am Abend vor einem Feiertag würden mich keine zehn Pferde in einen Supermarkt bringen. Nun gut, Pferde nicht. Zweihundert Gramm Haselnusskerne schon.

Es hilft kein Jammern, ich muss noch mal los. Draußen begrüßt mich nasskalter Herbstregen. Die Automatik meines Schirms bleibt bereits im Ansatz stecken. Hat schlichtweg nicht damit gerechnet, jetzt noch mal was tun zu müssen. Schließlich bin ich weder Hundebesitzerin, noch Spätverkaufs-Junkie. Wütend schmeiße ich den halb entfalteten und trotzdem nass gewordenen Schirm auf den Rücksitz meines Autos und starte den Motor. Immerhin, der ist auf meiner Seite und springt an.

Auf dem Edeka-Parkplatz ergattere ich nach nur vier Runden eine freie Lücke. Auf dem neben mir gelegenen Mutter-Kind-Parkplatz springt ein dynamischer Jungmanager, ohne Kind, dafür mit einer Tube Gel im Haar, aus seinem tiefer gelegten Kleinwagen, schaut kurz durch mich durch und öffnet mit einem kampfbereiten Blick gen Himmel seinen vier mal vier Meter großen Stockschirm. Dann läuft er gelassen in Richtung der Glastüren. Die waschbecken- bis badewannengroßen Pfützen umschifft er vorsichtig, um seine hellbraunen Lederslipper zu schonen.

Ich trotte ihm hinterher. Meine Haare sind eh nass, meine Frisur nur noch im Ansatz erkennbar. Der junge Mann hätte mir einen Platz unter seinem Schirm anbieten können. Wir hätten nicht einmal miteinander reden müssen, bei so viel Freifläche rund um den Stock. Er hat ihn mir nicht angeboten. Wahrscheinlich bin ich mit meinem Alter bereits unter seine Sichtbarkeitsschranke gerutscht.

Einkaufswagen sind auch nicht in Sicht. Nun gut, die Zweihundert-Gramm-Packung Haselnüsse würde ich wohl gut in einer Hand halten können. Ich nehme den Weg durch die Obst- und Gemüseabteilung, lasse das Bio-Regal rechts liegen und biege direkt in den Gang mit Backzutaten. Ich liebe Edeka. Nicht nur, weil Edeka Lebensmittel liebt. Vor allem liebe ich diesen Laden, weil ich weiß, wo alles steht. Wecken Sie mich um drei Uhr morgens, und ich sage Ihnen, wo der Thunfisch zu finden ist. War zu leicht? Kandiszucker? Feuchttücher? Süße Sahne? Alles, wirklich alles kein Problem.

Und so stehe ich dreißig Sekunden nach Betreten des Marktes vor den Tüten mit Kernen und Nüssen aller Art: Mandeln, Kokos, Erdnuss. Und Haselnüsse? Aus Erfahrung kauere ich mich vor den untersten Regalboden – und siehe da: Haselnüsse. Gemahlen. Zwei Päckchen liegen noch im Fach. Wie schön. Auch wenn ich beim Preis kurz stutze und überlege, ob neuerdings der Kilopreis ausgewiesen wird. Nein, im Gegenteil. Die Tüte hat nur hundert Gramm Inhalt. Kostet aber doppelt so viel. Hektisch greife ich trotzdem beide Packungen. Das ist jetzt auch schon egal. Fehlt noch und jemand schnappt mir den Goldstaub vor der Nase weg. Aus der Traum vom Haselnuss-Taler.

Glücklich, mit meinen beiden teuren Tüten im Arm, begebe ich mich in Richtung Kasse. Leider kommt mein Schwung schon an der nächsten Ecke zum Erliegen. Denn hier ist die Kasse. Genauer gesagt, die Schlange auf dem Weg zur Kasse. Müde, aber immerhin durchschnittlich gelaunte Gesichter, so weit das Auge reicht.

Unauffällig versuchen die Damen und Herren mit einem Blick in die gefüllten Einkaufswagen der anderen zu eruieren: »Was, bitte schön, treibt dich denn ausgerechnet um diese Zeit zum Einkaufen?« Bei mir sucht man den Wagen vergeblich. Das macht mich noch eine Spur verdächtiger. Haselnusskerne. Um diese Zeit. Also wirklich. Weihnachten ist doch erst in knapp acht Wochen. Ich widerstehe der Versuchung, dem einen oder anderen erklärend zuzurufen, dass ich heute noch backen will. Haselnusstaler.

Von sechs Kassen sind vier offen. Vor mir steht eine ältere Dame. Sie schaut sich zu mir um, betrachtet meine zwei Tüten, dann wieder mich. Ich kann in ihrem Gesicht lesen, wie es in ihr arbeitet: Vorlassen? Nein. Oder? Abrupt dreht sie mir erneut den Rücken zu, damit ihr soziales Gewissen Ruhe gibt. Ich denke an mein Rezept. Wenn ich jetzt noch was vergessen habe, würde ich den ganzen Backwahnsinn zum Teufel jagen und die Tüte mit den Fertigkeksen hervorkramen. Aber ich bin guter Dinge. Allerdings sinkt das Energiefeld samt durchschnittlicher Laune um mich herum mehr und mehr ins Minus. Seit Minuten rutscht es keinen Millimeter voran. Langsam macht sich Gereiztheit breit.

Doch dann ertönt der befreiende Ruf durch den Markt: »Bitte Kasse besetzen!« Treue Edeka-Kunden wissen – jetzt dauert es nicht mehr lange, und die engelsgleiche Fachkraft erscheint am Horizont. Als stilles Erkennungszeichen trägt sie eine Kassette mit Wechselgeld unter dem Arm. Und tatsächlich, am anderen Ende des Marktes, zwischen den Regalen mit Tütentoastbrot und Pumpernickel, erspähe ich sie.

Bilde ich mir das nur ein oder geht ein Raunen durch die Wartenden? Man kann das Adrenalin förmlich riechen, das sich durch die Reihen drückt. Welche Kasse würde sie ansteuern? Links außen, rechts innen? Was klingt wie auf einem Fußballplatz, hat enorme einkaufsstrategische Bedeutung. Links außen heißt für mich: Keine Chance. Viel zu weit weg, um einen der vordersten Plätze am Laufband zu ergattern. Ganz anders dagegen rechts innen. Allerdings gilt es hier, die geballte Front aus Männern verschiedenster Altersgruppen auszuschalten: Den graumelierten Herrn schräg neben mir. Die beiden Bubis rechts hinter mir. Und den Opa rechts vorn. Der hat die beste Position. Ist allerdings an den Rollator gefesselt. Ob das zu seinem Vorteil ist, würde sich noch zeigen. Auf Mitgefühl musste er Freitagabend nicht setzen, das zieht wochentags am ehesten kurz vor Mittag. Außer montags. Da hat Mitgefühl gern mal Sendepause.

Bislang schiebt Opa seine Kampfmaschine verbissen vor sich her und der jungen Mutter vor ihm schon zwei Mal in die Hacken. Das immerhin scheint ihm eine fast diebische Freude zu bereiten, so, wie er verschmitzt in sich hineingrinst. Die junge Mutter hatte schon beim ersten Angriff kaum reagiert, viel zu sehr ist sie damit befasst, ihre blonde Zweijährige vom Süßwarenregal abzulenken. Ihr persönliches Horrorszenario heißt heute: Mein Kind will Schokolade. Und ich erlaube es nicht. Und vierhundert Edeka-Kunden schauen zu. Da ist ein Rollator an der Achillesferse doch ein Kinderspiel.

Die Kassiererin biegt nach links außen. Ich bin aus dem Rennen. Das ist einerseits schade. Vielleicht hätte ich so eine gute Viertelstunde eher zu Hause sein können. Andererseits bin ich froh. Wenn ich ehrlich in mich hineinhorche, habe ich heute keine Lust auf Drängeln. So richte ich mich an Schlangenposition zehn gemütlich ein und beobachte, wer statt meiner das Rennen macht.

Beim Kampf um die vorderen Plätze scheinen alle Mittel erlaubt. Rollator-Opa scheidet als Erster aus – von einer nahezu gleichaltrigen Rentnerin mit granatrotem Haar eiskalt zur Seite gestoßen, schwankt der alte Herr einige Sekunden hin und her. Es ist, als überlege sein Körper, ob er sich in die Auswahl an Glimmstängeln am hinteren Teil des Kassenbandes stürzen möchte oder nicht. Dem Himmel sei Dank, er stürzt nicht. Opa gewinnt das Gleichgewicht zurück, schüttelt sich kurz und schiebt sich dann entschlossen zu Kasse drei zurück. Eine echte Kämpfernatur.

Links außen geht der Kampf derweil mit unverminderter Härte weiter. Noch sind die Positionen zwei, drei und vier zu vergeben. Der graumelierte Kollege neben mir hat seine gute Kinderstube scheinbar mal kurz im Kaugummisortiment geparkt und rammt ohne Rücksicht auf Hacken, Füße und Beine voran. Erschrocken geben einige Mitbewerber auf, um sich vor den möglicherweise drastischen Konsequenzen in Sicherheit zu bringen. Offene Wunden braucht wenige Stunden vorm Wochenende mit Feiertag keiner. Platz drei machen die beiden Bubis. Obwohl von rechts kommend und daher alles andere als in Pole-Position, ergattern sie doch noch einen Platz auf dem Podest. Bei den generationenübergreifenden Vorbildern irgendwie kein Wunder.

Die weiteren Platzierungen verpasse ich. Denn plötzlich geht es in meiner Schlange mit fast atemberaubendem Tempo voran. Es ist, als hätte sich ein Knoten gelöst. Keine fünf Minuten später bin ich draußen.

Als ich zu meinem Auto komme, begrüßt mich das müde Röhren eines Motors auf dem Mutter-Kind-Parkplatz. Der Kleinwagen von Mister Gel will wohl nicht anspringen. Ich setze mich in meinen acht Jahre alten Golf. Starte den Motor. Als ich das vertraute Schnurren höre, streichle ich sanft über das Lenkrad.

Ich blicke nicht in den Kleinwagen, als ich losfahre. Ich habe zwei Tüten Haselnusskerne. Gemahlen. Dazu weder Schrammen noch andere Blessuren, nicht mal ein beflecktes soziales Gewissen. Und einen laufenden Motor. Was wollte ich mehr?

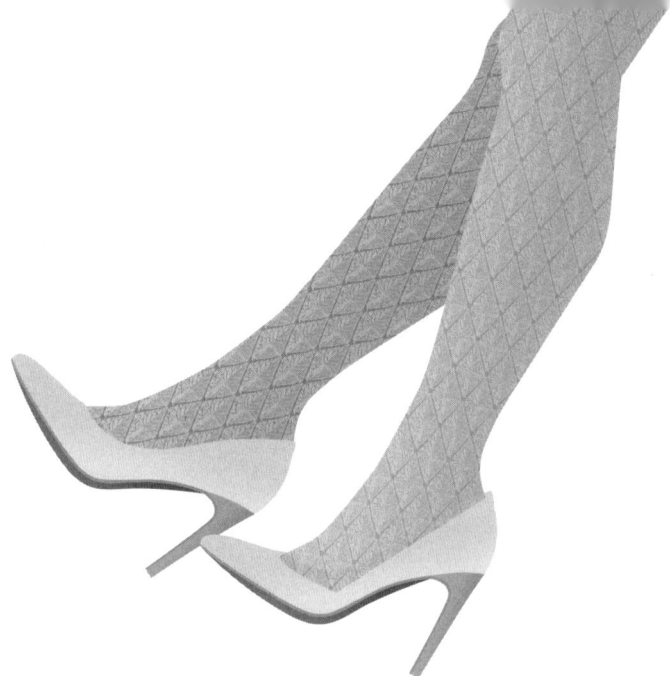

Von den Socken

Ob es am Sonntag liegt? Vielleicht ist Sonntag kein guter Tag für Buntwäsche? Und erst recht nicht für schwarze Socken? Vielleicht stört Buntwäsche und Weichspülen ebenjener farbenarmen Fußwärmer ja die öffentliche Ruhe? Ist es am Ende der lange Arm Gottes, der mir auf diese Weise unmissverständlich klarmachen will: Am siebten Tage sollst du nicht waschen, sondern ruhen?

Ich stehe vor meiner Waschmaschine. Ihrem vom Rost angefressenen Deckel sieht man ein Alter an, das sie eigentlich noch gar nicht hat. Seit Jahren wiederholt sich in meinem Bad ein Phänomen: Buntwäsche rein in die Maschine, darunter auch unzählige Socken. Paarweise, versteht sich. Gut eine Stunde später fehlt einem Sockenpaar die Socke. Weg. Einfach so. Das Abtasten in der Trommel, das Herumfischen neben der Trommel, das Suchen zwischen den restlichen Wäschestücken – erfolglos. Die Socke bleibt verschwunden. W wie weg. Was bleibt, ist eine gereizte Waschmaschinenbesitzerin. Und eine depressive Restsocke. Kein Wunder. Wie muss man sich fühlen, wenn einem das zweite Ich einfach so abhandenkommt? Vom gemeinsamen Trommelrundgang plötzlich und unerwartet nicht wieder auftaucht?

Anfänglich ignoriere ich das Socken-weg-Problem. Ja, ich sehe es nicht einmal als Problem. Darauf folgt eine Phase des Darüberlustig-Machens. Schon wieder eine Socke weg. Haha. Nun aber, da sich mittlerweile acht einzelne Socken auf die Strumpf-Schubfächer der Familienmitglieder verteilen, frage ich mich ernsthaft: Socken, wo seid ihr?

Es ist, als wäre mit dem Verschwinden der achten Socke ein Maß überschritten. Das Fass ist voll. Wobei mir das Bild des Fasses ungeeignet scheint. Das Fass ist voll. Womit denn? Mit Socken jedenfalls nicht.

Ob es in Deutschland Statistiken über die Zahl von in Waschmaschinen verloren gegangenen Socken gibt? In einem Land, in dem es statistische Erhebungen über die Anzahl der Parlamentarierinnen und Parlamentarier mit Bindestrich im Doppelnamen gibt – geordnet nach ihrer Parteienzugehörigkeit – oder auch über die steilsten Ränge in deutschen Fußballstadien, konnte man Socken doch nicht einfach links liegen lassen. Verloren gegangene schon gar nicht.

Ob es schwarze häufiger traf als karierte? Kleinkarierte seltener als großkarierte? Und hing die Häufigkeit des Verschwindens bestimmter Muster mit der politischen Grundeinstellung des Haushaltes zusammen? Oder vielleicht des ganzen Bundeslandes? Verschwanden in Sachsen andere Muster als in Hessen?

Ich stehe vor meiner Waschmaschine mit einer Batterie Fragen. Die dringendste lautet: Wohin verschwinden all diese Socken? In ein Paralleluniversum? Für vernachlässigte Socken? Ins politische Asyl?

Ich schaue in die Bedienungsanleitung. Typisch. Zweihundertzehn Seiten, ganze vier davon auf Deutsch. Keine hilft mir weiter. Es ist weder die Rede von einem Sockenvernichtungsprogramm, noch gibt es ein gesondertes 2-für-1-Angebot nach dem Prinzip: zwei Socken rein, eine raus. Sicherheitshalber blättere ich noch mal in den chinesischsprachigen Teil. Nur für den Fall, dass es da versteckte Hinweise gibt. Immerhin kriegen die Chinesen sechs Seiten ab. Komisch. Ich versuche herauszufinden, welches der formvollendeten Schriftzeichen für Socke stehen könnte und ob es ein eigenes Symbol für verschwundene Socken gibt. Nach gut einer halben Stunde gebe ich entnervt auf. Ich verstehe die Zeichen der Zeit schlichtweg nicht.

Wo war die verdammte Socke? Und die restliche schwarze und quergestreifte Brut? Ich lasse von Waschmaschine und Bedienungsanleitung ab und postiere mich vor unseren Kleiderschrank. Im Sockenfach liegen noch elf Paar. Daneben reihen sich die Singlemodelle in Schwarz, Grau, Beige, Kariert und Gestreift. Ich kann die Verlustangst der Paare neben ihnen förmlich riechen. Es ist wohl nur eine Frage der Zeit, bis auch sie getrennt werden. Vielleicht steigt mir aber auch nur der Duft eines ungewaschenen Fußballtrikots in die Nase, das sich zwischen die Strümpfe gemogelt hat.

Während ich die Schranktüren wieder schließe, taucht plötzlich eine Szene vor meinem inneren Auge auf: Ich bin elf Jahre alt, stehe im Waschhaus unseres Hochhauses und sehe in das fassungslose Gesicht meiner Mutter. In den Händen hält sie ein Bettlaken. Rosa. Die hinter ihr stehende Waschmaschine gibt dank ihres knuffigen Bullauges den Blick auf die übrige Wäsche frei. Rosa. Alles. Nahezu gleichmäßig eingefärbt von einer einzelnen roten Socke, die sich zwischen der ehemals weißen Wäsche findet. Einer Socke, die nicht einmal uns, sondern einem der übrigen neunundreißig Haushalte unseres Plattenbaus gehörte. Ich habe nie erfahren, von wem die Socke stammte. Doch damals glaubte ich endlich zu verstehen, was unser Klassenfeind im Westen meinte, wenn er von der Macht der roten Socken sprach.

Der Schock meiner Mutter saß so tief, dass ich mich nicht einmal zu fragen traute, ob ich das Waschhaus mit dem Schlauch ausspritzen durfte. Damals eine meiner Lieblingsbeschäftigungen. Aber angesichts des Sockendebakels schien mir allein die Frage völlig deplatziert. Stattdessen schlich ich mich mit flacher Brustatmung nach oben in unsere Wohnung. In meinem Kinderzimmer holte ich das Blatt mit der Farblehre hervor. Mit irgendeiner Sockenfarbe musste sich das unfreiwillige Schweinchen-Rosa der Bettwäsche doch abmischen lassen? Allerdings war ich mir damals schon sicher, dass Braun auch nicht die Lösung sein konnte.

Immerhin ist mir das Wäscheverfärben-Desaster bislang erspart geblieben. Nur, wie lange noch? Ist das meine wahre Angst? Dass es nur eine Frage der Zeit ist, bis ich verfärbte Wäsche aus der Maschine ziehen würde? Und nur noch offen ist: grau, rosafarben oder blassbraun? Vielleicht muss ich heute deshalb der Sache auf den Grund gehen?

Mittlerweile ist es kurz nach Mittag. Das Fazit des bisherigen Tages ist dürftig: Eine Maschinenwäsche Buntes. Eine verlorene schwarze Socke. Eine durchgearbeitete Bedienungsanleitung. Mein Magen knurrt. Kein Wunder. Heute Morgen hatte ich ein Mohnbrötchen gepaart mit einer Tasse grünem Tee zu mir genommen. Seitdem nichts.

Ich beschließe, von der Socke abzulassen und mich stattdessen um mein leibliches Wohl zu kümmern. Willst du schnell ans Ziel, gehe langsam, sagt ein chinesisches Sprichwort. Vielleicht steht das ja auch zwischen den Zeilen der Bedienungsanleitung, und die Chinesen kriegen deshalb sechs Seiten ab? Ich gehe in die Küche. Langsam. Das Rätsel würde sich lösen, wenn die Zeit reif dafür war. Da bin ich mir auf einmal ganz sicher.

Ich wärme die Spaghetti Bolognese von gestern Abend auf. Bequemerweise decke ich den Tisch in der Küche. Als ich mich auf dem Küchenstuhl niederlasse, drückt sich durch das Sitzkissen eine Erhebung. Ich schaue darunter. Und entdecke eine Socke. Schwarz. Verdammt. Manchmal ist das Paralleluniversum näher als vermutet.

Unterm Strich

Kann eine DHL-Benachrichtigung vorwurfsvoll schauen? Seit drei Tagen liegt der rot-gelbe Zettel im Postkartenformat auf meiner Kommode im Flur. Ich habe ihn mir zur Erinnerung dahin gelegt. Ich muss zur Post, ein Paket abholen. Ich laufe vorbei, und er erinnert mich daran – hinzu genauso zuverlässig wie auf dem Rückweg. Jedes Mal. Ich weiß sogar, was in dem Paket ist, ich habe es selbst bestellt: ein Ersatzschlauch für meinen Staubsauger. Momentan hält ihn Klebeband der Marke Panzer-Tape zusammen, damit er zumindest Körnchen von Staub aufsaugen kann. Auf die Dauer kommt dabei wenig Freude auf. Reinheit schon gar nicht.

Ich freue mich, dass das Paket so schnell da ist. Eigentlich. Leider habe ich den Postboten vor drei Tagen nur um wenige Minuten verfehlt. Da es ein Nachnahmepaket ist, hat er gar nicht erst den Versuch unternommen, bei meinen hilfsbereiten Nachbarn zu klingeln. Stattdessen eine rot-gelbe Benachrichtigung im Briefkasten. Nicht zu übersehen, wie ich immer wieder feststelle. Sie scheint selbst im Dunkeln zu leuchten. Ob sie sich für dieses Mahnmal in Rot-Gelb fluoreszierende Farbe leisten?

Die nächste Post-Filiale befindet sich zum Glück nur ein paar Straßen weiter. Ein Kinderspiel. Kann man laufen. Muss man aber nicht. Es ist auch nicht der Weg zur Post, der mich stört. Nicht einmal das erwartungsgemäße Anstehen. Es ist der Moment am Schalter. In Fachkreisen Kaltakquise genannt.

Der Kunde wird – Sommer wie Winter – gern mal kalt erwischt mit Fragen wie: »Haben Sie schon einmal über Ihre Altersvorsorge nachgedacht? Kennen Sie schon unser neues Girokonto? Sind Sie schon Premium-Paketkunde?« Blöd nur für den zu Akquirierenden, wenn er über seine Altersvorsorge nicht im Beisein von vierzig Kunden in seinem Rücken diskutieren möchte; mit seinem Girokonto bei der Bank seiner Wünsche zufrieden ist und ihm bei Premium am ehesten seine Lieblingsbiersorte einfällt. Denn hier wird beraten. Gut, gern, ausdauernd. Was zählt da schon ein schüchternes »Nein, danke«?

Im Kleingedruckten meiner DHL-Benachrichtigungskarte steht, dass die Sendung sieben Tage für mich aufgehoben wird. Drei sind also schon mal um. Mir bleiben noch 96 Stunden. Die Schließzeiten noch nicht abgezogen.

Ich lausche kurz in mich hinein und schöpfe Hoffnung: Mental und emotional bin ich heute stabil genug, mich in die Höhle des gelben Löwen zu wagen. Also schnappe ich mir die Benachrichtigungskarte, gönne mir auf dem Weg zur Post noch einen stärkeren Espresso beim Bäcker und durchschreite dann die sich automatisch öffnende Glastür der Filiale. »Unterm Strich zähl ich!«, wärmt mich ein Plakat im Vorbeigehen auf.

Mein Herzschlag beschleunigt. Ich kann eine gewisse Nervosität nicht ganz abschütteln. Erstaunlicherweise ist die Schlange vor mir kurz. Trotzdem warte ich gut fünfzehn Minuten. Als ich dem Tresen näher komme, höre ich, hier wird wieder mal beraten. Interessanterweise funktionieren die beiden Christels hinter dem Schalter nach dem Schema guter Bulle, böser Bulle. Während am rechten Schalter nur das abgearbeitet wird, was der Kunde wünscht, zieht Christel links alle Register ihres beraterischen Könnens. Vielleicht war sie gerade auf Seminar. Und wo lande ich? Links. Immer. Nein, nicht immer links. Aber immer da, wo Beratung ganz groß geschrieben wird. Heute also links.

Innerhalb von Millisekunden gehe ich meine Optionen durch: Wahrheit? Höflichkeit? Ignoranz? Lüge? Bevor ich eine Antwort finden kann, funkt der Sehnerv: Da liegt eine goldene Kreditkarte auf dem Tresen! Und der Verstand rechnet eins und eins zusammen und plärrt: Das war bestimmt der Herr vor dir. Schnell, tu was! Und so sage ich: »Hier hat jemand seine Kreditkarte liegen lassen.« Dabei schaue ich mich suchend um, ob dieser Jemand noch in Hörweite ist.

Auf Christels Gesicht zeichnet sich ein Strahlen ab. Mein Sehnerv und mein Hirn sind gleichermaßen verwirrt. Ich greife nach der Karte, scheitere aber kläglich. Und dann dringt Christels Stimme an mein Ohr: »Die ist festgeklebt. Das ist doch unsere neue Gold-Giro-Karte! Die haben wir gerade in der Werbung! Haben Sie schon ein Girokonto bei uns? Also diese Karte kann einfach alles. Ich gebe Ihnen gleich mal ein Prospekt mit.« Ihr Wortschwall will und will nicht enden.

In der Zwischenzeit kämpfen in meinem Kopf zwei Gedanken um den vordersten Platz: Wer bitteschön kam auf so eine Idee? Und: Wie konntest du nur darauf hereinfallen? Eine angeklebte Kreditkarte. In Gold. Geht's eigentlich noch? Ich fühle mich überrumpelt.

»Nein, danke«, bringe ich überraschend laut hervor und versuche ihr zu erklären, wie solche Art von Werbung bei mir ankommt. Zur Abwehr halte ich Christel meine Benachrichtigungskarte hin. Sie schaut mich an, als ob ich bei Günther Jauch die Millionenfrage richtig beantwortet hätte, nur um dann ohne Geld nach Hause zu gehen. Sie holt noch einmal Luft, aber ich unterbreche sie direkt mit einem »Nein!«. Wortlos nimmt sie meine Karte.

Im gleichen Moment wird es am Nebenschalter laut. Eine kleine dralle Sechzigjährige ruft wiederholt einem jungen Mann hinterher, er hätte seine Kreditkarte liegen lassen. Christel Nummer zwei versucht, ihr erst leise, dann zunehmend lauter werdend zu vermitteln, dass sie nicht dem Mann gehört, sondern der Post. Und dass es sich dabei um die neue Goldkarte handelt. Es dauert einige Minuten, bis die dynamische Kundin von ihrem Unterfangen ablässt, dem jungen Herrn viel Lauferei und Ärger zu ersparen, und Christel endlich zuhört.

Innerhalb weniger Minuten zwei Kundinnen, die einer angeklebten Karte auf den Leim gegangen sind. Jede in der festen Überzeugung, gleich eine gute Tat zu vollbringen. Zurück bleibt ein fader Beigeschmack.

Doch ich bin noch nicht fertig. Und Christel mit mir auch noch nicht. Sie bringt mein Paket und kassiert den Nachnahmebetrag. Meine ec-Karte nimmt sie mit spitzen Fingern entgegen. »Ach, Sie sind bei der Sparkasse?« Worauf sie das letzte Wort ausspuckt, als hätte sie eine Ladung Staub eingeatmet. Und dann holt sie noch einmal zum Schlag aus: »Also, ich gebe Ihnen jetzt mal unser Hausprospekt für unser kostenloses Girokonto mit. Da haben Sie ganz tolle Tagesgeldzinsen.«

Und da ist es mit meiner guten Kinderstube vorbei, und dieses Mal ergießt sich mein Wortschwall über Christel samt ihrer goldenen Karte mit Kaltleim im Rücken: »Welches meiner Neins haben Sie denn nicht verstanden? Das erste? Das zweite? Oder vielleicht meine Nachfrage, ob man so wirklich Kunden gewinnt? Ich habe kein, ich wiederhole, kein Interesse.«

Nach meinem Monolog sind zwei Damen im Raum definitiv überrascht: Eine ist Christel. Die andere bin ich. Habe ich das tatsächlich alles gerade laut gesagt? So, wie mich Böse-Bulle-Post-Christel ansieht, glaube ich es. Ob sie den Sicherheitsdienst ruft? Losweint? Scheiße. Konnte es Kaltakquise wirklich so weit bringen, dass ich derart lospolterte?

Christel und ich bringen den Bearbeitungsvorgang wortlos zu Ende. Unsere Gesprächsbasis ist erloschen, eigentlich hatten wir nie eine. Jetzt ist aber auch der kümmerliche Rest weg.

Ich verlasse die Post und überlege verzweifelt, wie ich den Postboten dazu bringen könnte, meine Pakete zukünftig zu einem anderen Postamt zu bringen. Denn hier hatte ich es definitiv verschissen.

Im Hinausgehen streife ich das Werbeplakat: »Unterm Strich zähl ich!« Ich war eindeutig nicht gemeint. Jetzt nicht mehr.

Grün beruhigt

Der gelbe Corsa vor mir blinkt seit dreihundert Metern links. Mittlerweile hat er die vierte Querstraße passiert. Aber er biegt nicht ab. Ist das ein Test? Eine Anzeige seiner Gesinnung? Spinnt sein Navi? Oder sein Blinker? Oder beide? Der Corsa drosselt erneut sein Tempo. Kaum zu glauben, dass das bei gerade einmal zwanzig Kilometern pro Stunde noch machbar ist. Der Gegenverkehr erstickt meinen Gedanken an ein Überholmanöver in einer Wolke aus Abgasen. Also zuckele ich weiter hinterher. Ist ja nicht mehr weit, versuche ich mich gedanklich zu entspannen. Fehlt nicht viel, und ich spreche es wie ein Mantra laut vor mich hin. Vielleicht glaube ich es dann irgendwann auch.

Neulich habe ich gelesen, dass die Farbe Gelb gut gegen Depressionen wirken soll. Ob sie unter bestimmten Bedingungen auch extrem aggressiv macht? Ich jedenfalls bin kurz davor, der vor mir fahrenden gelben Stoßstange mal einen kleinen Schubs zu geben, um sie und ihren Playmobillenker daran zu erinnern, dass noch mehr Fahrzeuge auf der Straße sind – zum Beispiel hinter ihnen. Die nach Möglichkeit gern vor Einbruch der Dunkelheit zu Hause sein wollen.

Was ist denn nur los mit mir? Normalerweise hasse ich es, anderen so dicht aufzufahren. Genauso wie ich es hasse, wenn man mir und meiner Stoßstange zu nah kommt. Jetzt aber könnte ich direkt mal ins Lenkrad beißen.

Dabei bin ich vor fünfzehn Minuten gut gelaunt und mit einem wohlwollenden Blick gen Himmel zu meinem Auto gelaufen. Mein Feierabend hatte soeben begonnen. Es ist Sommer. Nicht nur kalendarisch, sondern auch draußen im echten Leben. Nach regenreichen Tagen mit Dauergrau am Himmel endlich ein Wetter für Sonnenbrille, Fahrtwind im Haar und einen kurzen Zwischenstopp für zwei Kugeln Schokoeis. Herrlich.

Als ich die Autotür öffne, schlägt mir die aufgeheizte Luft eines ganzen Tages entgegen. Laut Temperaturanzeige sind es im Wagen vierunddreißig Grad. Die Sitzheizung würde ich also schon mal nicht brauchen. Nach acht Minuten Fahrt rinnt mir der Schweiß aus allen Poren. Die Klimaanlage scheint ausgerechnet heute frei zu haben, durch die geöffneten Fenster kommt nichts als heiße Luft, und ich überlege, ob ich wirklich so ein Sommertyp bin, wie ich gern behaupte.

Glücklicherweise rollt der Verkehr. Großzügig gebe ich dem Doppeldeckerbus der Stadtrundfahrt, der an der nächsten Seitenstraße auf eine Lücke wartet, ein Zeichen zum Losfahren. Leider merke ich schon den Bruchteil einer Sekunde später, dass das heute keine gute Idee war. Denn natürlich ist sein Fahrstil gemäßigt. Das ist er immer. Schließlich gehören Langsamfahren und Links- und-rechts-Schauen zum Busprogramm.

Nur, mir ist nicht nach Langsamfahren. Und rechts und links schauen muss ich schon gar nicht. Ich weiß ja, wo ich bin. Und weiß damit auch, um diese Zeit wollte ich schon weiter sein. Bin ich aber nicht. Jetzt kommt also am falschen Ort noch nicht einmal mehr heiße Luft zum Fenster rein.

Ich muss an den Film mit Michael Douglas denken: »Falling Down – Ein ganz normaler Tag«. Die Hitze, sein verschwitztes Gesicht, der Stau auf dem Highway. Und dann diese Fliege in seinem Auto. Er wollte auch nur nach Hause. Irgendwie bin ich froh, dass der Bus der Stadtrundfahrt an der nächsten Elbquerung abbiegt.

Und nun also der Corsa. Ich spüre, dass die Zeitspanne zwischen Doppeldeckerbus und gelbem Kleinwagen zu kurz war, um mir zu meinem seelischen Gleichgewicht zurückzuverhelfen. Vielleicht ist es ja wirklich ein Test? Bist du entspannt? Freudig gelassen? Nein. Verdammt. Noch. Mal. Heute. Nicht.

Ich könnte rechts ranfahren, wenigstens für ein paar Minuten, mich zurücklehnen und erst mal runterkommen. Aber ich will einfach nur nach Hause. Und zwar schnell. Selbst die Lust aufs Schokoladeneis ist mir vergangen. Entspannung ist weit und breit nicht in Sicht. Bei mir läuft ein anderer Film. Ein ganz anderer Film. Nicht gleich »Falling Down«, nein. Ich bin weit davon entfernt, Leute über den Haufen schießen zu wollen. Aber ich spüre, ich will mich nicht beruhigen. Heute nicht.

Der Corsa biegt ab. Nach rechts. Immer noch links blickend. So plötzlich und unerwartet es passiert, so lange dauert es allerdings, bis er endlich um die Ecke ist. »Nun trag doch dein Auto um die Kurve, du Pinsel!«, schreie ich lauthals und ernte den erschrockenen Blick einer jungen Frau, die wartend an der Fußgängerampel steht. Ob ich kurz anhalte und ihr den Sachverhalt erkläre? Und auch, dass ich gute Gründe habe für meine verbale Entgleisung? Dann sollte ich vielleicht auch erwähnen, dass der Satz ursprünglich gar nicht von mir stammt, sondern von meinem beim Autofahren meist gelassenen Herrn Papa. Der nach diesem Satz gern in sich hineingrinste. Vielleicht, weil ihm schon das Aussprechen dieses Satzes eine gewisse Erleichterung brachte. Ich hingegen bin eher peinlich berührt, dass mir beim Schreien jemand zugehört hat. Und ärgere mich darüber, dass mir das peinlich ist.

Ich halte nicht an. Stattdessen gebe ich Gas und bringe die restlichen zwei Kilometer ohne weitere Zwischenfälle hinter mich. Zu Hause angekommen, überlege ich, ob ich wenigstens jetzt besser noch einen Moment im Auto sitzenbleibe. Aber ich habe schlicht und ergreifend keine Lust, auch nur eine Minute länger in diesem Backofen auszuharren. Vielleicht sollte ich statt des Aufzugs die Treppe nehmen? Immerhin baut Bewegung Adrenalin ab. Ich nehme den Aufzug. Die wenigen Etagen würden für den Abbau meiner angestauten Aggressionen eh nicht ausreichen.

Im Flur empfängt mich laute Musik. Es ist mir ein Rätsel, wie Lautsprecher für gerade mal dreißig Euro so einen Lärm machen können. Dabei ist zwischen den Lautsprechern und meinen Ohren noch eine Tür. Die Tür zum Zimmer meines Sohnes. Ich gehe erst mal in die Küche. Hier kriegen nach den Ohren auch meine Augen was ab: Das schmutzige Geschirr von heute Morgen steht einträchtig neben dem dreckigen Geschirr von gestern Abend. Einziger Unterschied zu heute Morgen: Die Essensreste sind noch eine Spur trockener und verkrusteter. Der Geschirrspüler steht halb offen und ist randvoll mit sauberen Tellern, Tassen und Gläsern. Soll ich erwähnen, dass das Aus- und Einräumen des Spülers Aufgabe meines Sohnes ist?

Zur Faust in meinem Magen, die sich auf der Fahrt vom Büro nach Hause geballt hat, gibt's noch eine Draufgabe. In diesem Moment öffnet sich die Tür zum Kinderzimmer. Mein Sohn entdeckt mich und steuert lächelnd auf mich zu. Kurz vor mir bleibt er dann doch fragend stehen, scheinbar ist ihm die Falte zwischen meinen Augenbrauen aufgefallen. »Is' was?«, fragt er. Schlechtes Timing, ist mein letzter Gedanke. Dann ergießt sich noch vor der Begrüßung mein Schwall aus Gezeter und Vorwürfen über ihn.

Mein Sohn schaut mich an, als ob ich ihn gebeten hätte, vom Fünfmeterbrett ins Kinderbecken zu springen. Habe ich eigentlich noch alle Tassen im Schrank? Ja, ich mag es, nach der Arbeit in eine aufgeräumte Küche zu kommen. Aber würde ein Satz, eine klar ausgesprochene Bitte an meinen Großen, es jetzt zu tun, nicht genügen? Musste ich mit meinem Gemecker auch gleich die Freude auf den Feierabend hinwegfegen? Ist das wirklich nötig? Und entlädt sich hier in unserer Küche nicht vielmehr ein Gewitter, das sich angesichts saharaähnlicher Winde und blinkender Corsas schon viel früher zusammengebraut hatte? Hätte das der Playmobilfahrer gewollt?

Ich schaue meinen Sohn an. Und plötzlich muss ich lächeln. Er lächelt vorsichtig zurück, ist sich allerdings noch nicht ganz sicher, ob seine temporär zu Wortgewittern neigende Mutter ihn nicht doch noch ins Kinderbecken schubst. Ich schaue ihn entschuldigend an. »Tut mir leid, aber ich hatte eine Scheißfahrt nach Hause.« Er grinst und meint: »Schon o.k.!«

Dann müssen wir beide grinsen. Und dieses Mal kommt es von Herzen. Ich mache Abendbrot, er räumt den Spüler aus. Später sitzen wir bei Spaghetti Carbonara auf dem Balkon.

Seit heute bin ich mir endgültig sicher: Die Farbe Grün für unsere Küchenwände war eine gute Wahl! Grün hat so was Beruhigendes. Nicht auszudenken, wie dieser Abend sonst hätte enden können.

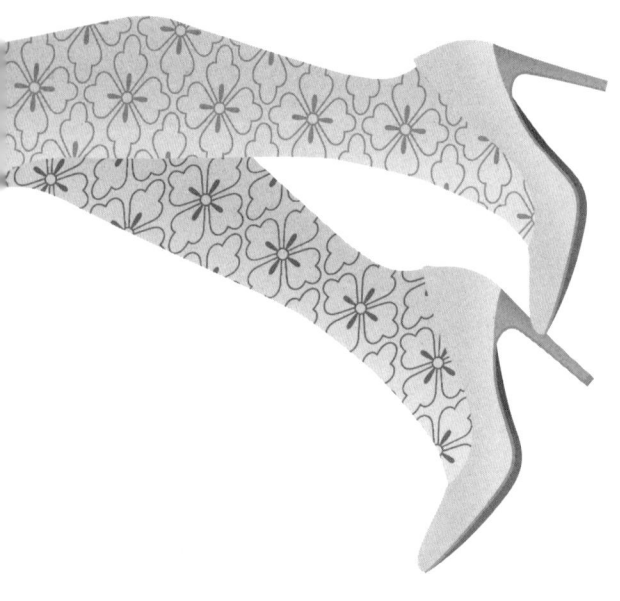

Plötzlich ist Montag

Ob ich meinen freien Montag spontan auf einen anderen Wochentag lege? Eigentlich habe ich montags immer frei. Und bislang habe ich das auch ausgesprochen genossen. Freitags in die freien Tage zu starten mit den Worten: »Schönes Wochenende, bis Dienstag dann!«, klingt nicht nur in meinen Ohren stets wie ein Abschied in den Jahresurlaub.

Diesen Freitag allerdings starte ich ins Wochenende mit dem Wissen, ich habe am Montagmorgen einen Zahnarzttermin. Dann doch lieber Büro. Meinetwegen auch mit einer vierstündigen Konferenz. Über die Mittagszeit. Ohne Kekse, kleine Snacks oder Kaffee. Höchstens mit Wasser.

Welcher Teufel hat mich geritten, einen Arzttermin für einen Montag zu vereinbaren? Einen Zahnarzttermin wohlgemerkt. Zahnarztbesuche auf einen x-beliebigen Morgen eines Arbeitstages zu legen, ist konsequent. Man kommt gewissermaßen vom Regen in die Traufe. Vom Behandlungs- auf den Bürostuhl, vom morgendlichen Bohren zu bohrenden Kopfschmerzen nachmittags. Der Körper muss sich nur unmerklich umstellen.

Aber diese Suppe habe ich mir selbst eingebrockt. Dabei fing alles so harmlos an: Mit einem Vorsorgetermin bei meiner Zahnärztin. Erst jetzt fällt mir auf, dass in Vorsorge eben auch das Wort Sorge steckt. Das hätte ich eher merken können. Müssen. Schließlich hatte ich als Kind mit meinem Vater stundenlang Versteckte-

Worte-in-Wörtern-Finden gespielt. Kennen Sie das? Zum Beispiel in dem Wort Vorsorge stecken: vor, so und eben auch Sorge. Als Kind hätte ich es noch mit der Wortkreation Vorso probiert. Aber damit konnte ich damals schon nicht landen. Sorge aber hätte mindestens einen Punkt gebracht.

Bei ebenjener Vorsorge sah es dann fürs Erste ganz gut aus. Leider gab es beim »Eins Siebener« dann doch noch eine Überraschung. Karies. Glücklicherweise hatte die kompetente Stomatologin gesagt: »Aber das machen wir beim nächsten Termin.« Am liebsten wäre ich ihr um den Hals gefallen, aber ich befand mich liegend – den Kopf tiefer gelegt – auf dem Behandlungsstuhl, ein Lätzchen um den Hals. Also dankte ich ihr im Stillen.

Am Empfangstresen fragte mich dann die freundliche Schwester: »Passt Ihnen der Neunte? Gleich morgens 9 Uhr?« Es war wenige Tage vor Weihnachten. Und nicht nur in der Praxis und auf dem Striezelmarkt, sondern in nahezu allen Einkaufscentern der Stadt dudelte Adventsmusik, die einen vier Wochen am Stück einlullte und glauben machte, es gäbe nie wieder Zahnbohrungen bis zum Grund. Der vorgeschlagene Neunte lag im Januar, es klang für mich nicht nur nach nächstem Jahr, sondern nach nächstem Jahrtausend. Ewigkeiten weit hin. Ich hatte freudig zugestimmt.

Doch auch Adventsmusik geht irgendwann zu Ende, der Silvestersekt ist ausgetrunken, die Weihnachtstanne entsorgt, und plötzlich ist in drei Tagen nicht Weihnachten, sondern der Neunte.

Ob es Tage oder Wochen gibt, an denen jemand heimlich an der Uhr dreht? Im ganz großen Stil? Zum Beispiel an den freien Tagen zwischen den Jahren? Merkt eh keiner. Sind ja alle im Christstollen-Lebkuchen-Gans-Würstchen-Rausch. Vom Alkohol ganz zu schweigen. Anders ist es wohl nicht zu erklären, dass solche Tage, kaum haben sie angefangen, schon wieder vorbei sind.

Eines jedenfalls ist sicher: Am Montag ist unwiderruflich der Neunte. Als ich nach Hause komme, blinkt mein Anrufbeantworter mit einer neuen Nachricht. Kurz keimt Hoffnung in mir auf, der Montagstermin würde abgesagt. Es ist tatsächlich die Praxis. Die Chefin persönlich, die nachfragt, ob ich am Montag bereits halb neun da sein könnte. »Dann«, so ihr mit einem Lächeln unterlegter Hinweis, »wären Sie auch früher wieder raus.«

Wenn mich nicht schon der Anruf der Ärztin unter Erfüllungsdruck setzen würde – ihre Zeitrechnung überzeugt mich sofort. Zudem hat sie mir ihre Handynummer hinterlassen. Das hat so was Persönliches. Ich rufe zurück und bestätige die neue Uhrzeit. Und fühle mich dabei sehr dynamisch.

Sie meint: »Ich kenne ja niemanden, der gern zum Zahnarzt geht, und Montagmorgen schon gar nicht.« Welch auffällige Übereinstimmung mit mir! »Aber dann können wir ganz entspannt starten«, sagt sie zum Abschluss. Ich stimme freudig zu. Und habe Bilder im Kopf vom gemeinsamen Kaffeetrinken mit Frau Doktor und den Schwestern. Vielleicht gibt es Schinkenbrötchen. Mit Gurke. Mir läuft das Wasser im Mund zusammen. Dabei fällt es mir allerdings auch wieder ein: Ich bin zur Behandlung verabredet, nicht wegen der Schinkenbrötchen.

Ich lege auf und sage mir, sind ja noch drei Tage. Nun gut, genauer gesagt reichlich achtundvierzig Stunden. Panikgefühle im Minutentakt inbegriffen. Hoffentlich finde ich zwischendurch Schlaf. Ich müsste doch zumindest mit einer klitzekleinen wohlwollenden Sonderbehandlung rechnen können. Jetzt, da ich schon eine halbe Stunde früher komme.

Am Montag bin ich nicht nur eine halbe Stunde eher, sondern zusätzlich zwanzig Minuten zu früh in der Praxis. An Schlaf war eh nicht mehr zu denken. An Frühstück auch nicht. Ich fühle mich grün um die Nase, mir ist nicht nach Essen. Die Praxis ist gut fünfzehn Autominuten von mir zu Hause entfernt. Montagmorgenstau inklusive. Doch die Ampelanlagen auf meinem Weg kennen an diesem Morgen nur eine Farbe: Grün. Ist das nicht seltsam? Wehe, du hast es eilig, dann gibt es Rot im Quadrat. Habe alle Zeit der Welt, und nicht eine einzige rote Ampel wird dich aufhalten.

Als ich auf dem Parkplatz der Praxis ankomme, bleibe ich einen Moment im Auto sitzen. Versuche es mit entspannter Bauchatmung. Mein Bauch lehnt ab. Nicht um diese Zeit. Nicht mit einem Zahnarzttermin vor Augen. Ich gebe mich geschlagen und steige aus.

Ein freundliches »Guten Morgen« kommt mir beim Betreten der Praxis vom Anmeldetresen entgegen. Ich antworte kurzatmig, lege meine Jacke ab und gehe Richtung Wartezimmer. Ein Herr mittleren Alters hat sich hier bereits einen Platz in der hintersten Ecke gesichert. Wir nicken uns kurz zu. Ein Blick genügt, und es herrscht traute Einigkeit zwischen uns: Small Talk? Nein danke. Wahrscheinlich habe ich sowieso nicht genug Puste für ganze Sätze. Ich entscheide mich für den Platz gleich an der Tür. Vielleicht bin ich dann noch schneller wieder draußen?

Woran denke ich nur die nächsten zwanzig Minuten? Ich sehe aus dem Fenster, und mein Blick gleitet über die in der Ferne liegenden Elbhänge. Ein zarter Hauch aus Schnee und Raureif liegt an diesem Morgen auf den Dächern, Bäumen und Wiesen. Schön. Weiter links entdecke ich eine Baustelle. Und denke an Bohrer. O danke!

Mit jeder Minute, die vergeht, klopft mein Herz ein bisschen lauter am Brustkorb an. Trotzdem höre ich irgendwann, wie mein Name aufgerufen wird. Ich atme noch einmal tief durch und folge der Schwester. Setze mich ergeben auf den Behandlungsstuhl. Das Licht über mir flammt auf. Jetzt, so denke ich still bei mir, hilft nur noch die Devise: Mund auf, Augen zu und durch. Auch diese Minuten oder Stunden würden vorbeigehen – egal, ob jemand an der Uhr drehen oder sich gleich an die Zeiger hängen würde.

Darf ich ehrlich sein? Ich bin nicht früher raus. Dafür habe ich einen weiteren Termin. Am Dreizehnten.

Erst zu Hause stelle ich fest: Es ist ein Freitag. Klingt wie Montagstermin im Quadrat. Wie unbelehrbar konnte man denn noch sein?

Im Angebot

Würde mich nicht wundern, wenn mich der Mittfünfziger wegen Beleidigung vor Gericht zerrt. Ob ich dann mit mildernden Umständen rechnen konnte? Schließlich war ich zum Zeitpunkt der Tat komplett unterzuckert. Also sozusagen nicht im Vollbesitz meiner geistigen Kräfte.

Nun gut, ich hätte es nicht so weit kommen lassen müssen. Schließlich gibt es in dieser Stadt nahezu überall ein »to go« von dem und ein »to nehm« von jenem. Freiwillig muss hier niemand unterzuckern. Aber ich will mein Essen nicht auf die Hand. Und dabei laufen schon gar nicht. Und so hatte wohl eins zum anderen geführt: Ich war hungrig. Und ich hatte gesagt, was ich sagen wollte. Dem Mittfünfziger. Genauer gesagt, ausgeteilt. Allerdings erst, nachdem ich eingesteckt hatte. Klingt doch nach einer ausgewogenen Gleichung. Kann sein, dass ich mich irre. Mathe war früher nicht mein Lieblingsfach. Zu viel Logik. Zu wenige Möglichkeiten rechts und links des Weges.

Es ist früher Samstagabend. Mein Magen knurrt. Zunehmend lauter. Kein Wunder. Die letzte Mahlzeit liegt fast vier Stunden zurück. Ich bin auf dem Weg nach Hause. Gemütlicher Abend, Essen auf dem Sofa, spannendes Buch in der Hand. So der Plan. Zum Mittelteil – dem guten Essen – fehlen mir allerdings noch ein paar Zutaten. Ich komme nicht umhin, einen kleinen Zwischenstopp im Supermarkt einzulegen, will ich heute Abend etwas mehr als saure Gurken und Brot vom Anfang der Woche auf dem Teller haben.

Der Parkplatz ist voll. Ich sehe das angespannte Kreisen der Kleinwagen und SUVs vorbei an vollen Stellplätzen und biege direkt nach rechts in eine der hinteren Ecken ab. Hier gibt es fast immer eine Lücke, die sich auf mich freut. Auch heute. Die paar Meter mehr zum Markt nehme ich dafür gern in Kauf. Als ich in der Parklücke stehe, merke ich, wie mich der Tag geschafft hat. Am liebsten würde ich im Auto sitzen bleiben und meine Bestellung telefonisch aufgeben. Ich lehne mich zurück, schließe für einen Moment die Augen. Fehlt nicht viel, und ich nicke hier mal eben kurz weg. Glücklicherweise knurrt mein Magen laut genug, um mir zu signalisieren, er versteht jetzt gleich keinen Spaß mehr.

Vielleicht ist das auch sein letztes Signal, mir mitzuteilen, dass ich, so hungrig, wie ich jetzt bin, für meine Mitmenschen eine ernstzunehmende Gefahr darstelle. Ein Button, festgesteckt am Kragen meiner Winterjacke, könnte helfen. In diesem Fall mal nicht ein »Atomkraft, nein danke«, sondern ein »Legt euch heute nicht mit mir an«. Ich hätte möglichen Konflikten schon im Ansatz den Garaus machen können. Doch ich sehe die Gefahr nicht, sondern nur das Ziel vor Augen: Lebensmittel, wohin das Auge blickt.

Leider ist hungrig einkaufen nun wirklich nicht meine Stärke. Meist kaufe ich dann zu viel, das Falsche und frage mich trotzdem oder gerade deshalb beim Nachhausekommen, was ich aus dem Mitgebrachten zu kochen gedenke. Heute halte ich mich deshalb an meinen überschaubaren Einkaufszettel. Mehr aus Bequemlichkeit schnappe ich mir einen Einkaufswagen. Es wäre nicht das erste Mal, dass ich fünf Artikel kaufen will, nur um dann einen Turm aus Toastbrot, Küchenrolle und weiteren vierzehn Artikeln zur Kasse zu balancieren. Heute geht mir alles flott von der Hand in den Korb. Keine zehn Minuten später habe ich einen Großteil an Zutaten eingesammelt. Dann fällt mir die Erdbeerkonfitüre wieder ein, die ich fürs Sonntagsfrühstück unbedingt noch mitnehmen will. Also noch mal zurück zu Regalreihe drei.

Im Gang steht ein Mann, zirka Mitte fünfzig, vor einem Werbepappregal mit Honig, der heute im Angebot ist, und studiert die

Zutatenliste. Zwischen ihn und das Regal hinter ihm passt maximal noch mein Schal. Ich definitiv nicht. Jedenfalls nicht, ohne entweder die Nudelpackungen hinter ihm oder gleich ihn selbst mitzureißen. Zudem steht im Gang sein Einkaufswagen samt zweijährigem Kleinkind. Der süße Steppke strahlt mich mit seinem Vier-Zähnchen-Lächeln und einem Rest Wiener Würstchen in den Mundwinkeln an. Ich grinse zurück.

Dann räuspere ich mich und frage: »Entschuldigung, dürfte ich bitte mal vorbei?« Der Mittfünfziger schaut auf und rollt genervt die Augen. Ich stutze einen Moment. Ehe ich etwas sagen kann, schiebt er einen Schwall an Sätzen hinterher mit dem einfachen Tenor: Ich sollte hier nicht sein. Weil er hier ist. Dann schiebt er mürrisch den Einkaufswagen an den Rand und tritt zur Seite.

Ich gehe wortlos an ihm vorbei. Schnappe mir aus dem nächsten Regal ein Glas Konfitüre. Als ich mich umdrehe, steht er wieder im Gang. Hat auch den Wagen samt Sohn erneut in Stellung gebracht. Und beugt sich über die Honiggläser. Ich mache einen Schritt auf ihn zu. Räuspere mich leicht. Und sehe, dass er mich im Augenwinkel längst entdeckt hat. Aber er weicht nicht vom Fleck. Vielleicht zahlt er ja für diesen Stellplatz? Und trotzdem: Der Mann geht in zarten Schritten auf die sechzig zu und spielt Spielchen, für die sein süßer Fratz nur knapp zu jung ist? Ich habe keine Lust darauf. Auch nicht, ihn nun noch einmal zu bitten, mich vorbeizulassen. Also mache ich mich schlanker, als ich eigentlich schon bin, und drücke mich vorbei. Und habe ihm damit wohl ahnungsloserweise das Startzeichen für seinen nächsten Satzsalat geliefert, der mit dem Spruch endet: »Sie haben es immer noch nicht gelernt, was?« Dabei schaut er, als wäre bei mir sowieso Hopfen und Malz verloren.

Ich blicke ihn an. Wahrscheinlich minutenlang. Vergessene Russischvokabeln, der verkorkste Physiktest an einem Samstagmorgen in der Elften und die Bioklausur mit 2 von 18 Punkten Anfang der Neunten kreisen mir durch den Kopf. Aber sein Blick sagt mir: Das nicht. Ich rede hier von Grundsätzlichem. Von Anstand. Und Moral.

Und ich? Frage mich die ganze Zeit: Soll ich etwas erwidern? Nur, was? Mein Hirn bleibt still. Ist wohl zu sehr damit beschäftigt, mich angesichts meiner Unterzuckerung überhaupt auf den Beinen zu halten. Der Honigmann bemerkt mein Zögern. Deutet es zu seinen Gunsten. Und legt noch mal nach: »Manche lernen es eben nie.« Dabei schüttelt er wieder und wieder den Kopf, während er mich von oben bis unten mustert. Ich senke den Blick, drehe mich um und gehe mit dem Glas Konfitüre in der Hand zu meinem Einkaufswagen.

Doch ich spüre, wie mich seine Sätze und sein Blick getroffen haben. Mein Herz holpert, gepeinigt vom Vorwurf der Unhöflichkeit. Bin ich nicht eigentlich eine von den Netten? Und nett meint hier: meinen Mitmenschen prinzipiell erst einmal freundlich zugewandt? Jetzt aber hängen diese Sätze im Supermarkt und zerren an meinem Selbstbild. Verrückt. Ich frage mich im Ernst, was ich seiner Meinung nach hätte tun sollen. Ich hole tief Luft, um diesem gedanklichen Irrsinn ein Ende zu bereiten. Stehe vor der Käsetheke, ohne das Angebot wirklich wahrzunehmen, schließe die Augen und merke doch, diese schiefen Gedanken lassen sich nicht abschütteln.

Unerwartet schaltet sich der Verstand doch noch zu. Jetzt also, irgendwo tausend Stunden nach der Begegnung der dritten Art, fallen meinem Hirn ein paar Antworten ein. Toll. Nur eben tausend Stunden zu spät.

Missmutig ziehe ich meine Runden durch den Markt. Mein innerer Dialog ist wahrscheinlich bis vor zum Pfandautomaten zu hören. Tief im Inneren weiß ich, dass ich es dem Honigmann nicht wirklich hatte recht machen können. Er wollte austeilen. Er hat ausgeteilt. Pech für mich, dass ich gerade in seiner Schusslinie war. Ich weiß das alles. Ich könnte es abhaken. Aber ich kann nicht. Vielleicht ist es der Hunger, der mich für solche Art von Spielchen angreifbar macht. Ich kann nur erstaunt zusehen, wie mir innerhalb weniger Minuten die halbwegs gute Laune komplett wegrutscht. Auf dem Weg zur Konfitüre eingebüßt. Vielleicht sollten wir zum Sonntagsfrühstück künftig auf Cornflakes umsteigen.

Einen klitzekleinen Moment überlege ich, am Weinsortiment hinten links mal abzutauchen. Nicht, um mir den erstbesten Chardonnay einzuverleiben, sondern um mich für ein paar Minuten auf die kalten Fliesen des Marktbodens zu legen und es mit Autogenem Training zu versuchen. Ich hatte mal einen zehnwöchigen Kurs bei der Volkshochschule. Damals sollten wir uns zu den einschläfernden Sätzen »Meine Arme sind schwer, meine Beine sind schwer« eine Blumenwiese oder den Strand vorstellen, vom Alltagsstress loslassen und entspannen. Ich hatte mehr mit dem Sand am Strand zu kämpfen, Sandkorn für Sandkorn. Entspannung? Fehlanzeige.

Trotzdem, es wäre immerhin einen Versuch wert, um die gute Laune wieder an meine Seite zu kriegen und dafür den Honigmann ziehen zu lassen. Ich lege mich nicht vor den Chardonnay. Zu viel Kundschaft. Zumal das Tchibo-Regal mit neuen Angeboten der Woche gleich nebenan steht. Hier wäre also sowieso keine Ruhe reinzukriegen. So hängt mir statt guter Laune der Honigmann wie ein übler Schatten am Pelz.

Fast wünsche ich mir, ihm noch einmal in einem der Gänge zu begegnen. Sprüche habe ich jetzt genug im Gepäck. Aber er macht sich rar. Also gehe ich zur Kasse. Die Kassiererin hat deutlich bessere Laune als ich, die Glückliche. Sie lächelt mich an, räumt mit einem lockeren Spruch mein auseinanderfallendes Möhrengrün zusammen und wünscht mir zum Schluss ein schönes Wochenende. Ich bin ein bisschen getröstet. Aber eben nur ein bisschen. Ich schiebe meinen Einkaufswagen über den Parkplatz, räume mit halber Kraft meine Einkäufe ins Auto und bringe den Wagen zurück. Ich lasse mir Zeit. Mein Hunger hat sowieso schon seinen Siedepunkt erreicht, jetzt kommt es auf ein paar Minuten mehr oder weniger auch nicht mehr an.

Und dann hat die Vorsehung doch noch ihre Hand im Spiel. An den Einkaufswagen entdecke ich den Honigmann. Sein Sohn, immer noch strahlend im Kindersitz hockend, beißt soeben genüsslich in den gut vierzig Zentimeter langen Kassenbon.

Ich brauche meinen Verstand nicht zu wecken – er ist bereits hellwach, das Herz klopft in leicht beschleunigtem Takt angesichts der unerwarteten Gunst der Stunde. Und so sage ich zu Mister Honig: »Übrigens, Ihr Enkel isst gerade den Kassenzettel.« Mit einem entschlossenen Ruck reißt der Mittfünfziger seinem knuffigen Dreikäsehoch den feuchten Zettel aus dem Mund. Um mich dann in belehrendem Ton wortreich darüber aufzuklären, dass das sein Sohn sei. Ich hauche ein »Oh?!« und blicke ihm direkt in die Augen. Und plötzlich leuchtet ein Erkennen aus seinem Blick, und seine arrogante Miene geht hinter den in Reih und Glied geparkten Einkaufswagen auf Tauchgang. Treffer. Versenkt. Ein Hoch auf die gewaltfreie Kommunikation.

Meine Mundwinkel steuern mit meiner wieder aufwallenden guten Laune nach oben. Erst jetzt fällt mir auf, dass der Typ ein bisschen aussieht wie ein Anwalt. Oder zumindest jemand, der jemanden kennt. Bei Gericht. Aber das ist nun auch schon egal.

Eigentlich ist es mir völlig gleichgültig, ob man mit siebzehn, fünfzig oder achtzig Vater wird. Und austeilen ist auch nicht so meine Art. Eigentlich. Aber was rausmuss, muss raus. Nicht immer. Auch nicht immer öfter. Aber manchmal.

Ich bin mir sicher, der Richter würde Verständnis haben. Mildernde Umstände hin oder her. Sofern er nicht gerade mit Anfang sechzig Vater geworden ist. Das wär' dann blöd, oder?

Lukullischer Kaltschaum

Vielleicht hätte mich der abweisende Blick der Frau hinter dem Tresen warnen müssen? Vielleicht aber auch schon die Schilder am Eingang des Parks: Tickets. Im Kleingedruckten darunter: Toiletten. Schlosscafé. So, als wollte man nicht zu viel versprechen. Hätte mir nicht auch die Reihenfolge zu denken geben müssen?

Es ist Ende Oktober. Die Sonne scheint vom stahlblauen Himmel. Das Thermometer klettert bereits kurz nach neun auf ungewöhnliche achtzehn Grad. Ich habe heute frei. Gestern Abend noch habe ich mir meine Aufgabenliste für den heutigen Tag geschrieben. Nun aber blicke ich abwechselnd auf meine Liste und auf das Wetter vor meinem Fenster. Meine Liste ist so lang wie langweilig.

Und dieser Tag da draußen? Schickt sich an, kurz vorm endgültigen Sieg von winterlicher Kälte und Dunkelheit noch mal eben alle Wärme- und Sonnenstundenrekorde zu brechen. Ich gönne mir erst einmal ein ausgedehntes Frühstück. Und dann weiß ich es: Ich will heute das herbstgoldene Licht mit sommerlicher Restwärme in der Luft genießen und wandern gehen. Einfach los. Ins Blaue. Klingt nach Freiheit und Abenteuer. Und weil belegte Brote, Wasser oder Tee in der Thermoskanne nicht zu Abenteuern passen, lasse ich alle kulinarischen Verlockungen in der heimischen Küche zurück. Heute würde ich mich einfach mal treiben lassen. Um dann da zu bleiben, wo es mir gefiel und schmeckte.

Vollgepumpt mit fröhlichem Adrenalin, schnappe ich Jacke und Rucksack und ziehe die Haustür hinter mir zu. Die Schokoladenkekse, vor wenigen Minuten der warnenden Stimme der Vernunft folgend noch schnell eingesteckt, lasse ich kurz vorm Gehen doch noch großzügig auf der Kommode im Flur zurück. Was soll schon passieren? Schließlich verlasse ich ja nicht die Zivilisation.

Drei Stunden Wandern später lande ich mit ordentlich Hunger und Durst am Eingang des Parks. Die Tafel mit »Tickets! Hier lösen« belegt mit ihrer Größe unangefochten Platz eins im Schilderwald. Mit deutlichem Abstand folgt: Toiletten. Platz drei und in einer fast schon verschämten Größe: Schlosscafé. Eigenwillige Reihenfolge.

Doch angesichts des goldenen Tags, des Dufts von Freiheit in der Nase und mit jeder Menge Sauerstoff in den Lungen reicht meine gute Laune gut und gern für zwei. Ich löse ein Ticket, betrete den Park und mache mich zunächst einmal auf die Suche nach den Toiletten. Und lande wenig später an zwei eierschalenfarbenen Sanitärcontainern. Ohne passende Münzen bleibt mir der Zutritt zu ihnen jedoch verwehrt. Also weitersuchen.

Kurz darauf stehe ich vor dem störrischen Blick der Frau am Imbisstresen. Kein Grund, sich gleich ins Bockshorn jagen zu lassen. Freundlich frage ich, ob sie mir mein Zwei-Euro-Stück für den Besuch der Toilette klein machen könne. »Der Wechselautomat steht im Gang rechts«, belehrt sie mich und korrigiert ihren Blick um drei weitere unfreundliche Grade nach unten. Immer noch beschwingt, finde ich den Automaten im Gang, wechsele mein Geld und gehe für kleine Prinzessinnen. Das unaufgeräumte Containerambiente, das eisige Wasser zum Händewaschen und die fehlenden Papierhandtücher übersehe ich geflissentlich. Man muss auch mal locker bleiben können.

Zum Glück ist goldener Herbst, und so kriege ich meine feuchten Hände halbwegs an Jacke und Schaltuch getrocknet. Dann mache ich mich auf die Suche nach dem angekündigten Schlosscafé. Gut zwanzig Minuten später stehe ich wieder vor der Mittfünfzigerin, und mir schwant: Das hier i s t das Schlosscafé. Unwillkürlich drängt sich mir die Frage auf: Darf sich ein Imbiss mit Ambitionen zum Waschsalon Schlosscafé nennen? Und würde sich hier der königliche Hofstaat wohlfühlen? Oder würde nicht vielmehr der Kurfürst umgehend seine Schlossgarde rufen und das spärliche Mobiliar samt unfreundlicher Angestellter im nächsten herbstbelaubten Springbrunnen versenken?

Noch immer um Fassung bemüht, schaue ich mich in der Imbissstube genauer um: Auf der Theke vorn rechts steht eine Glasvitrine, in der sich drei montagsgraue Buletten, sechs Stück flach gedrückte Mango-Zitronen-Schnitten und ein Viertel Apfelkuchen mit Decke verzweifelt in die Ecken drängen. Wahrscheinlich sind ihnen ihre astronomischen Preise, unsauber auf blasser Pappe verewigt, selbst peinlich. Hinter der Café-Fachangestellten kocht ein Glasbehälter wohl zum achtzehnten Mal die Bockwürste durch, dabei hat sich wahrscheinlich der letzte Fleischgeschmack schon vor Stunden aus dem Schlossstaub gemacht.

Der Kaffeeautomat am linken Thekenrand hingegen sieht überraschend vielversprechend aus. Leider wird meine aufkeimende Hoffnung auf einen frisch gebrühten Espresso durch das handgeschriebene Papierschild »heute nur Filterkafee« vernichtet. Am liebsten würde ich ein »f« kaufen, damit wäre der Kaffee wenigstens orthografisch verträglich, verkneife mir aber meine Bemerkung gerade noch rechtzeitig. Schließlich bin ich hungrig, durstig und abhängig – denn das nächste kulinarische Angebot liegt außerhalb des Parks und damit gut zwei Kilometer entfernt. Und das sind für meinen erschöpften Magen exakt zweitausend Meter zu viel.

Also lächle ich tapfer in das schon vertraut missmutige Gesicht und bestelle einen schwarzen Tee und eine Bockwurst mit Brötchen und Senf. »Brötchen ist aus, heute nur Toast«, ist die Antwort. »Gut, dann nehme ich Toast«, beeile ich mich zu sagen, und meine Stimme oktaviert jetzt leicht. Wahrscheinlich ein Mix aus Hormonüberschuss und Kohlenhydratmangel. Keine zehn Minuten später stehen vor mir: ein Glas lauwarmes Wasser, ein Teebeutel »Royal Black«, eine blassbraune Bockwurst sowie eine Scheibe Toast, nicht getoastet.

Auf meinen fragenden Blick packt die charmante Bedienung mit einem gekonnten Wurf noch ein Tütchen portionierten Senf, fünf Gramm, auf den Tellerrand. Damit sind ihrer Meinung nach alle

Fragen beantwortet. »Sieben Euro zwanzig«, raunzt sie mich an, weil ich mein Portemonnaie noch nicht einmal in Sichtweite halte. Ich ringe kurz mit mir, ob ich hysterisch loslachen oder einfach bezahlen soll. Ich entscheide mich für Letzteres. Mein Magen ist leer, mein Widerstand gebrochen. Ich will jetzt nur noch sitzen und das PVC-haltige Kleinod in mich hineinstopfen. Wieder zu Hause, würde ich eine Woche lang nur Bio-Vollwertkost essen, um dieses Schadstoffdesaster auszugleichen.

Ich nehme mein Tablett der kulinarischen Fehltritte in die Hand und schaue mich nach einem Sitzplatz um. Beim Anblick der Räumlichkeiten kommt die Erinnerung mit voller Wucht zurück: Das Schlosscafé punktet auch nicht mit gemütlich zu nennenden Plätzen zum Sitzen. Es sind eher minimalistisch anmutende Holzhocker, fünf an der Zahl. Die dunkelbraunen Bretter dahinter dienen vermutlich als Ablage fürs Tablett. Ich komme nicht in die Verlegenheit, die nicht versprochene Gemütlichkeit der Hocker zu testen, sind eh alle besetzt. Mit letzter Kraft geselle ich mich zu einer tschechischen Großfamilie an einem der Stehtische, lasse mich vom slawischen Slang sanft einlullen und bringe das Grauen hinter meine Geschmacksnerven.

Kurz bevor das Plastik-Menü mein Hirn zum Erliegen bringt, quält mich noch eine Ungewissheit: Wie, um alles in der Welt, war der Caterer mit seinem lukullischen Kaltschaum-Konzept an der Schlosswache vorbei in diesen zauberhaften Park gelangt?

Mit Bulldogge auf Tuchfühlung

Meine Schuld, schießt es mir durch den Kopf. Ich hatte ja die Wahl. Wie ich jetzt allerdings feststelle, hatte ich mit feinem Gespür todesmutig die falsche getroffen. Die für mich möglichen Konsequenzen kann ich in diesem Moment noch nicht ganz abschätzen: Sie pendeln zwischen schwerer Körperverletzung mit Krankenhausaufenthalt und »noch mal irgendwie davongekommen«.

Was um alles in der Welt hat mich geritten, an einem Freitagnachmittag in die Innenstadt zu fahren? Mein eigenes Erschöpfungsniveau, kumuliert aus fünf Arbeitstagen und zwei langen Kneipenabenden, hat das Maximum sowieso schon so gut wie erreicht. Und auch bei meinen Mitmenschen hinter Autoscheiben und auf Fußwegen entdecke ich dunkle Ringe und herabhängende Mundwinkel, die die Woche hinterlassen hat. Lange Gesichter allenthalben.

Zu allem Überfluss regnet es seit Tagen am Stück. Heute nun hat sich der Starkregen zugunsten eines leichten, dafür aber umso penetranteren Nieselregens vorerst zurückgezogen. Laut Wettervorhersage aber würde er morgen mit neuer Kraft angreifen. Und genau darin besteht das Problem. Und ebendieses Problem führt mich hierher. Auf den Kampfplatz Straße – mitten im Stadtzentrum.

Wir wollen am Wochenende Boot fahren. Wir schreiben September. Einen äußerst verregneten September. Es ist sehr wahrscheinlich, dass er als regenreichster September seit Beginn der Wetteraufzeichnungen in die Geschichte eingehen wird. Wie ich sie liebe, solche Art von Extremen. Denen dann auch noch der Einzug in die meteorologischen Annalen gewährt wird. O toll, richtig verregnet. Schön gemacht! Wie ein ungezogenes Kind, das, nachdem es ein anderes stundenlang tyrannisiert hatte, ein Lob bekam, weil es von dem am Boden Liegenden doch noch abließ.

Und wir fahren also Boot. Nein, es ist kein Paddelboot, wie meine Freundin zwischenzeitlich vermutete. Immerhin hat unser Boot ein Dach. Und wohl auch eine Heizung. Hoffe ich jedenfalls. Doch ein Hausboot wie das unsere legt sich nicht von allein an, kommt nicht wie von Zauberhand durch Schleusen und sucht sich erst recht nicht eigenständig einen sicheren Liegeplatz. Bei all diesen Manövern sind Handgriffe von Menschen vonnöten. Menschen in wind- und wasserdichter Kleidung, die sich nicht anstellen wie vierzehnjährige Internatsschülerinnen, sondern einfach mal tun, was eben getan werden muss. Ob als Outdoorkleidung wahlweise mein Strickmantel oder eine Softshelljacke taugten? Immerhin hatte insbesondere der Strickmantel schon des Öfteren für wohlwollende Aufmerksamkeit gesorgt. Die Antwort kann ich mir ohne Umstände selbst geben: Nein.

Obwohl: Aufmerksamkeit würde ich damit sicher auf mich lenken. Nicht wenige würde sich wohl mit offenem Mund fragen, wer da im tropfnassen Strick am Heck stand und versuchte, die Leine über den Poller zu werfen, ohne dabei einen Starkregen im Yachthafen zu verursachen.

Ich habe noch rund achtzehn Stunden bis zur Abreise, einkaufen lässt sich allerdings nur noch innerhalb der nächsten drei Stunden. Am Samstagmorgen würde es einfach zu spät sein. Wie ich es hasse, in ein Abhängigkeitsverhältnis von meiner heimischen Fußgängerzone und ihren schätzungsweise vierhundertzweiunddreißig Geschäften zu geraten! Aber der Biomarkt bei mir um die Ecke oder der Teeladen meines Vertrauens konnten mir hier bei aller Liebe und Treue nicht weiterhelfen.

Also Innenstadt. Wie sie Tausende andere um diese Tageszeit auch anpeilen. Nicht wenige von ihnen sind in beneidenswerter Outdoorkleidung unterwegs. Ich hingegen bin noch nicht einmal am Geschäft meiner Wünsche angelangt. Stattdessen stehe ich im dicken Stau auf dem Weg in die Innenstadt. Wäre ich doch vorhin nur links abgebogen. Dann könnte ich, das Lenkrad auf Geradeaus gestellt, längst zwischen Elbhängen zu meiner Linken und hübschen Villen zu meiner Rechten auf dem Weg nach Hause sein. Zwischenzeitlich würde ich Jogger, Hundebesitzer oder junge Mütter auf ihrem Weg vom heimischen Herd zu den regennassen Elbwiesen über die viel befahrene Uferstraße lassen. Doch ich bin nicht abgebogen. Jedenfalls nicht links.

Auf meiner Route springt die Ampel irgendwo am Horizont zum x-ten Mal auf Grün. Aber es dreht sich immer noch kein Rad. Als es kurz darauf plötzlich doch ein paar Meter vorangeht, bin ich regelrecht überrascht. Ich hatte zwischenzeitlich fast vergessen, warum ich eigentlich hier stehe.

Ich rolle langsam nach vorn. Bleibe stehen, denn ich habe mein Ziel erreicht. Nicht die Innenstadt, sondern die Stoßstange meines Vordermanns. Ohne Tuchfühlung, versteht sich. Es hupt hinter mir. Es ist diese Art von Hupen, die dir deutlich zu verstehen gibt, du hast einen Fehler gemacht. Einen fast nicht wiedergutzumachenden. Aber ich gebe dir eine Chance. Eine letzte Chance. Also nutze sie. Verdammt noch mal. Ich schaue in den Rückspiegel. Ein Renault. Älteren Baujahrs. Grau. Bislang hatte ich Renaultfahrer als ältere Herren mit Fahrzeugen geputzt bis unter die Außenspiegel und meist entspanntem Abstand zum Vordermann erlebt.

Dieser Fahrer jedoch drückt den Altersdurchschnitt deutlich. Haare hat er allerdings auch nicht viel mehr als der durchschnittliche Renaultbesitzer. Ich sehe ihn gestikulieren. Ahne, was er meint: Er möchte rechts an mir vorbei, um die weiter vorn liegende Rechtsabbiegerspur inklusive grünem Pfeil zu erhaschen. Er hat mein volles Verständnis. Nur ich trenne ihn vom Ziel seiner Sehnsucht. Genauer gesagt, mein Auto. Ich schaue nach vorn, willens, ihm zu helfen. Aber da steht immer noch die Stoßstange samt Auto. Nun, da ist wohl doch noch ein Moment Geduld gefragt. Kann ja nicht ewig dauern. Damit ist für mich das Thema erledigt. Nicht für meinen Hintermann. Erneutes Hupen. Lang anhaltend.

Ich spüre mein Herz schlagen. Lautes Hupen, lang anhaltend und mir geltend, verursacht mir gern einmal schnelles Herzklopfen. Ich fühle mich schuldig, klein und komplett zurückgeblieben. Dass man jemanden wie mich überhaupt ans Steuer ließ, unfassbar.

Aber ich kann nichts für meinen Freund im grauen Renault tun. Es sei denn, ich schöbe mit einem kräftigen Tritt aufs Gaspedal den vor mir stehenden Kleinwagen aus dem Weg. Klingt für mich wenig verheißungsvoll. Alternativ könnte der zurückgebliebene Renault rechts auf den Fußweg ausweichen. Dazu müsste er allerdings die Bordsteinkante in der Höhe einer Parkbank überwinden. Will er wohl nicht. Hat wohl Mitleid mit seinen Felgen. Mit mir allerdings nicht.

Ich sehe, wie sich seine Fahrertür öffnet. Nicht dein Ernst, denke ich. Was für einen Film hatte ich mir denn hier eingelegt? »Fast and Furious«? »Rambo«? Dann doch lieber Strickmantel an Bord. Pfeif auf den Starkregen im Yachthafen. Aber Flucht fällt leider aus, ich stehe zwischen zwei Stoßstangen.

Der Typ Marke Bulldogge nähert sich meinem Auto. Einen Moment lang frage ich mich: Warum müssen eigentlich immer alle Klischees gleichzeitig auftauchen? Denn der Typ sieht nicht nur aus wie eine Bulldogge, er ist im für mich sichtbaren Bereich außerdem übersät mit Tattoos. Die Auswahl der Motive lässt darauf schließen, dass er eine andere Art von Humor bevorzugt als ich. Ich wage gar nicht, auf seine Hände zu schauen, möglicherweise hängt dort der Schlagring schon bereit zum Grüßen. Schön, das sieht nach einem vielversprechenden Freitagnachmittag aus.

Bulldogge tobt derweil zwischen der hinteren Stoßstange meines Vordermanns und meiner Fahrertür hin und her und zeigt mir Rumpelstilzchen gleich, dass da gut und gern noch zwei Zentimeter Platz sind. Und vielleicht sind es die Wiederholungen seiner Schritte, die mich plötzlich auf Kinomodus umschalten lassen. Ich sitze in meinem Auto und schaue fasziniert auf die Szene vor mir. Sehe, wie sich die Adern am Bulldoggenhals hervorarbeiten. Sehe seine Wut und Fassungslosigkeit angesichts dieser geballten weiblichen Unfähigkeit, ein Fahrzeug bis auf Tuchfühlung an eine Stoßstange zu führen. Dabei wischt er sich immer wieder mit der zum Glück schlagringfreien Hand vor der Stirn hin und her.

Mein Herz klopft. Aber ich habe keine Angst. Es bewegt mich vielmehr wie im Kino die bange Frage: Kriegt der Held, was er will? Mein Kleinhirn trommelt und plärrt: Bring dich in Sicherheit, dieser Typ macht auch vor Frauen nicht halt! Aber ich kann nicht. Will auch nicht. Eine kurze Sequenz lang habe ich das Bild vor Augen, wie er meine Fahrertür öffnet und zuschlägt. Ich frage mich, wie sich das anfühlt. Erinnere mich, darüber mal gelesen zu haben. Damals hatte ich das fast sichere Gefühl, der Autor der Geschichte hatte mit dieser Art von Begegnung seine Erfahrung. Zu authentisch klangen seinen Sätze.

Mein Herz schüttelt das Horrorbild kurz durch – wie im Morgenkreis einer evangelischen Grundschule: Solche Bilder wollen wir hier nicht sehen. Gewalt ist schließlich auch keine Lösung.

Das würde in meinem Actionfilm noch fehlen: Ich, die Scheibe meiner Fahrertür herunterfahrend, rufe Bulldogge zu: Gewalt ist keine Lösung! Ich bin mir einhundert Prozent sicher, das würde den Rest seiner guten Kinderstube im nahe gelegenen Gully versenken, dann würde er seine Hand heben. Und dann würde ich irgendwann auch ganz authentisch beschreiben können, wie es war, wenn Männerhand auf Frauengesicht traf. Allerdings erst, nachdem ich die viermonatige Reha-Maßnahme erfolgreich absolviert hätte.

Die Ampel vorn springt auf Grün. Die Autos machen das, was sie seit Ewigkeiten nicht getan haben. Sie rollen. Nach vorn. Ich folge. Bulldogge hat Not, rechtzeitig in seinen mausgrauen Renault zu springen. Er gibt Gas. Ich kann seine immer noch geballte Wut fast körperlich spüren. Am liebsten würde er mir den Außenspiegel abfahren. Aber das würde auch zu Kollateralschäden an seinem Auto führen. Außerdem wusste er wohl, er würde mich damit nicht wirklich treffen. Mein gut in die Jahre gekommener Golf zeigt bereits deutliche Gebrauchsspuren anderer Gefechte: Hageleinschläge, zu enge Einfahrten, zu wenig Waschanlagen. Was interessiert mich da ein Außenspiegel auf Tiefgang?

Also tut Bulldogge das, was er am besten kann: Er hupt. Soll er. Klingt ein bisschen wie ein letzter Gruß. Am liebsten würde ich ihm hinterherrufen: Versuchs mal mit Atmen! Das entspannt!

Als Bulldogge an mir vorbei ist, horche ich einen Moment in mich hinein. Mein Herz klopft immer noch. Und ich weiß: Ich habe keine Lust mehr auf Innenstadt. Der Kontakt eben hat mir gereicht. Und überhaupt: Die Bedeutung und vor allem der Besitz von Wetterjacken wird in der Regel völlig überschätzt. Vielleicht konnte ich auch auf das Mitgefühl meiner mitreisenden Bootsfreunde hoffen?

Und für den Notfall könnte ich die Wetterjacke meines Sohnes im Gepäck haben. Schön, wenn man mit seinen Kindern nicht nur auf Augenhöhe war, sondern eine Zeitlang auch die Kleidergröße teilte. Und endlich weiß ich: Hätte ich vor Fahrtantritt nur einen Moment über das wirkliche Ziel meiner Wünsche nachgedacht, ich würde längst auf dem gemütlichen heimischen Sofa sitzen.

Mach' ich morgen

Wir haben eine Kommode gekauft. Bei Ikea. Vor siebeneinhalb Wochen. Der Karton stand zwei Wochen im Zimmer meines Sohnes. Danach bekam er einen Platz unter dem Bett. Der Karton. Nicht der Sohn. Vor dem deckenhohen Regal im Selbstbedienungstrakt des Möbelladens waren wir uns absolut sicher, dass es diese Kommode braucht. Dringend. Jetzt allerdings kommen mir zunehmend Zweifel. Schließlich leben wir auch nach siebeneinhalb Wochen ganz gut ohne Kommode.

Wir könnten sie zurückbringen. Die Dame am Retouren-Schalter würde wahrscheinlich nicht mal mit der Wimper zucken. Wir liegen ja schließlich noch gut in der Frist. Und den Kassenzettel trug ich sowieso seit siebeneinhalb Wochen bei mir. Vielleicht hatte mein Unterbewusstsein längst den Glauben aufgegeben, dass diese Kommode jemals Einzug bei uns halten würde?

Wir könnten sie natürlich auch einfach aufbauen. Aber ehrlich: Haben Sie schon einmal etwas einfach aufgebaut? Hatte nicht vielmehr jeder von uns mindestens eine Geschichte bei der Hand von fehlenden Türen, falschen Schrauben und verzogenen Bohrlöchern? Und zwar ohne groß in Erinnerungen kramen zu müssen?

Will ich die Katze wirklich aus dem Sack, sprich die Kommode aus der Pappe lassen? Nur um dann festzustellen, dass leider nur vier von angedachten sechs Schaftschrauben mit Innensechskant mitgeliefert wurden? Für den emotionalen Ausgleich aber doppelt so viele Unterlegscheiben beiliegen? Natürlich sind in diesem Moment längst alle Teile aus dem Karton geholt und über den Zimmerboden verstreut. Zwei Versuche später, sie wieder einzupacken, ist klar: Die Bretter lassen sich nicht mehr in die Verpackung zurückpressen. Sind wahrscheinlich froh, endlich der Enge entkommen zu sein.

Und nun? Findet sich in unserem Kalender voraussichtlich frühestens Ende der übernächsten Woche eine Lücke und damit Gelegenheit, ans andere Ende der Stadt zu fahren, um vierzehn Gramm Schrauben nachzukaufen. Frühestens.

Ist es angesichts dieser Gedankenspiele verwunderlich, dass innerfamiliär immer einer keine Lust zum Aufbauen hat? Wo der Ausgang doch mehr als offen und überhaupt unklar ist, ob und wann das Tunnelende ins Blickfeld rutscht? Zwei Aufbauhelfer braucht es jedoch für diese Kommode laut der am Karton aufgedruckten Empfehlung. Mindestens, möchte ich ergänzen.

Die Tage gehen ins Land. Der Karton liegt. Beim Staubsaugen haben wir uns längst daran gewöhnt, um das unter dem Bett befindliche Wohnaccessoire herumzuarbeiten. Ich ertappe mich bei der Idee, den Karton genau da liegen zu lassen. Und wenn mein Sohn in einigen Jahren Lust auf die eigenen vier Wände bekommt, würde diese Kommode, bereits handlich verpackt, auf den Umzugswagen warten. Die Vorteile liegen also auf der Hand. Oder genauer gesagt, unter dem Bett.

Andererseits: Karton auspacken, Teile durchzählen, losschrauben. Kann so schwer auch wieder nicht sein. Und doch fühlt es sich einfach wundervoll an, wenn verlässlicherweise immer einer am Morgen fragt: »Wollen wir wirklich?« Obwohl der Aufbau tags zuvor einstimmig für den Nachmittag vereinbart wurde. Aber ist morgen nicht auch noch ein Tag? Vielleicht sogar einer mit etwas mehr Lust am Schraubenzählen und -drehen?

Das Bleibenlassen macht mir ein herrlich warmes Gefühl von Freiheit in der Brust angesichts der wiedergewonnenen Entscheidungshoheit über meine Zeit. Und das anschließende Füßehochlegen, Espressogenießen und Den-Kerzen-beim-Runterbrennen-Zuschauen fühlt sich an wie geschenkte Stunden. Wer braucht da noch eine Kommode?

Doch irgendwann stellt mein Sohn fest, dass er ein weiteres Möbelstück für seine Sachen benötigt. Wir sitzen beim Frühstück. Das wochentags beinahe mitten in der Nacht stattfindet. Und plötzlich hängt um diese nachtschlafende Zeit ein Satz im Raum: »Wir sollten heute die Kommode aufbauen.« Der Konjunktiv im Satz meines Sohnes lässt mich hoffen. Noch ist der Tag nicht verloren. Doch mein Großer lässt nicht locker und präsentiert mir seine und damit meine Zeitplanung für den Abend. Die Argumente sprechen für ihn. Und die Kommode. Er meint es ernst. So viel steht fest. Mein Hirn ist noch viel zu verschlafen, um irgendwelche halbwegs tauglichen Ausreden zu finden.

Nun also doch noch, nach all der Zeit. Wir schreiben Tag vier der Woche. Und Tag siebenundfünfzig der Kommoden-Zeitrechnung. Bald könnten wir ihren Sechzigsten feiern. Ganz groß natürlich. Und jetzt das. Unerwartet irgendwie. Obwohl für heute ja gar keine baulichen Aktivitäten vereinbart waren. Ich nicke, mehr mechanisch als überzeugt, und hoffe im Stillen auf den Machen-wir-morgen-Modus am Nachmittag.

Der Modus springt nicht an. Dieses Mal nicht. Stattdessen liegen gut neun Stunden später unzählige Bretter, Tüten und Schrauben vor, die Reste von Pappe hinter uns. Und auf unseren Gesichtern zeigt sich ein überraschtes Lächeln: Alle Teile sind vollzählig vorhanden und stimmen sogar mit den Abbildungen überein. Es kann tatsächlich losgehen. Wird jetzt aus Spaß Ernst? Oder einfach nur aus Brettern eine Kommode?

Eine Dreiviertelstunde später dann nimmt das Möbel mehr und mehr Gestalt an. Es ist erkennbar eine Kommode. Weiß. Glänzend. Schön. Endlich. Als wir sie in die vorgesehene Zimmerecke schieben, bleiben seitlich allerdings noch vierzig Zentimeter Platz. Irritiert schauen wir uns an. Sollten wir uns vermessen haben?

Und dann fällt es uns wie Schuppen von den Augen: Die Kommode gibt es in zwei Ausführungen. Das hier ist das kleinere Modell. Scheinbar haben wir im deckenhohen Regal bei Blau-Gelb den falschen Karton erwischt. Einen Moment schwanken wir zwischen Heulen und Lachen, entscheiden uns aber einstimmig für Letzteres. Fast glaube ich zu hören, wie das Miniaturmodell zaghaft ruft: »Mein linker, linker Platz ist leer, ich wünsch' mir einen Nachbarn her.«

Wir werden also übernächste Woche ans andere Ende der Stadt fahren. Aus dem uns schon bekannten Regal der Selbstbedienung einen Karton mit der Kommode in kleiner Variante ziehen. Sicherheitshalber zweimal die Artikelnummern vergleichen. Wir werden nach Hause fahren. Und unterwegs über Gott und die Welt reden.

Dabei haben wir beide eigentlich nur eine unausgesprochene Frage im Kopf: Sollen wir das gute Stück, wenn wir nach Hause kommen, gleich aufbauen oder doch lieber morgen?

Wenn ich es mir so recht überlege: Ich glaub', das machen wir morgen.

Bahn und Spiele

»Potsdam zurückbleiben, bitte.« Mit einem Zischen schließen sich die Türen hinter mir. Die S-Bahn ist rappelvoll. Ich bin drin und kann von Glück sagen, dass es außer mir auch mein Rucksack noch ins Innere des Wagens geschafft hat. Es ist Donnerstagnachmittag. Ich bin unterwegs nach Potsdam. Wie schön, dass mich die Deutsche Bahn auf dem Weg aus dem Süden in die Stadt an der Havel über Berlin schickt. Um mich dann auf einer erlebnisreichen Fahrt mit der S-Bahn wieder aus der Millionenmetropole zu leiten. Mitten im Berufsverkehr mit mindestens einer Million anderer Fahrgäste. Nach einigen Versuchen gelingt es mir, den Rucksack von meinem Rücken rutschen zu lassen und neben mich zu stellen. Und zwar ohne ihn auf weiteren fünf Füßen um mich herum zu platzieren. Die Umstehenden danken es mir mit einem Lächeln.

Zwei Stationen später weiß ich nicht genau, was ich zuerst wahrnehme: Chantal sehen oder Chantal hören? Plötzlich steht sie schräg vor mir: Wie weggebeamt vom subtropischen Drehort Thailand mitten in die S-Bahn-Linie 7 von Berlin-Ahrensfelde nach Potsdam Hauptbahnhof. Obwohl sie hier im echten Leben Dörte heißt, sehe und höre ich nur Chantal und fühle mich wie mitten in »Fack ju Göthe«. Fehlt nicht viel, und ich bestelle bei dem neben mir stehenden jungen Mann eine Tüte Popcorn.

Dörte schaut wie Chantal, verzieht den Schmollmund wie Chantal, trägt die Haare wie Chantal, nur in den Lidschatten mischt sich zum klassischen Chantal-Blau ein Hauch von Dörte-Karamell. Ihre Stimme, sämtlicher Bässe beraubt und durch den nasalen Mixer gejagt, fegt unüberhörbar über die Sitzreihen. Die Gespräche der anderen Fahrgäste versiegen nach und nach. Chantal spricht. Das heißt für die anderen: Sendepause. Gegen diese Tonlage ist einfach kein Ankommen.

Chantals Sätze beginnen und enden wahlweise mit »voll krass« oder »voll gut« oder auch »und so«. Viel mehr Text ist nicht nötig. Irgendwie ist damit immer alles gesagt. Ich hänge fasziniert an ihren Lippen, an ihren Sätzen, ihren Gesten und ertappe mich dabei, wie ich bete, sie möge wie ich bis Potsdam fahren. Knapp drei Euro für eine halbstündige S-Bahn-Fahrt inclusive Kino mit Chantal? Wie krass ist das denn? Da bin ich gern bereit, für Cola und Popcorn extra zu zahlen.

Chantals Freundin ist in dem Streifen nur schüchterne Stichwortgeberin. Ein oft anzutreffendes Phänomen: Die lauten Schönen suchen sich die stillen weniger Schönen, um das eigene Ego leuchten zu lassen. Chantal beherrscht ihre Rolle und ihren Text perfekt. Ich bin fasziniert und muss aufpassen, dass mir beim Zugucken nicht die Spucke aus dem offenen Mund tropft. Fünf Stationen später ist der Spaß allerdings vorbei. Berlin-Wannsee – Chantal hat ihr Ziel erreicht. Beim Aussteigen fährt sie sich mit einer kinoreifen Geste durchs lange Haar. Schöner Abgang, Dörte.

Die Ablösung der »Fack ju Göthe«-Braut bildet eine fünfköpfige Big Band. Ungefragt baut sie sich direkt neben mir auf und fängt an, noch vor der Lautsprecherstimme »Potsdam zurückbleiben, bitte«, in die Tasten zu hauen. Erstaunlicherweise verschaffen sich die dynamischen Takte bei einem Großteil der Fahrgäste nicht nur Zugang zum Gehör, sondern direkt in die Zehenspitzen; die beginnen gleichmäßig zu wippen.

Die gute Laune hat ihren Preis, denn nur wenige Sequenzen später habe ich bereits einen leeren Starbucks-Pappbecher vor der Nase mit der lautstarken Bitte um eine kleine Spende. Nun gut, ich zücke mein Portemonnaie und werfe zwei Euro ein. Sind ja schließlich zu fünft. Die Becherrunde ist schnell gemacht, und so zieht die Band eine halbe Station später in den nächsten Waggon.

Zum »Zugabe!«-Rufen komme ich in der Kürze der Zeit erst gar nicht. Hm, zwei Euro für gerade mal zwanzig Takte ist für den Zuhörer keine überragende musikalische Ausbeute.

Ich bringe den Gedanken nicht zu Ende, denn einen winzigen Moment später übernimmt der Kindsvater mit schwarzer Hornbrille das künstlerische Ruder. Unbewusst. Denn er ist nicht auf der Jagd nach ein paar Euros. Er fordert schlicht und ergreifend sein Recht. Und zwar lautstark. Für sich und seine komplett hornschwarz bebrillte Familie. Wahrscheinlich hatte er mithilfe seiner energischen Tonlage bereits bei seinem Brillenladen ein Vier-für-zwei-Angebot ausgehandelt, das es im Grunde genommen gar nicht gab. Gut möglich, dass der angestellte Optiker die nächsten drei Jahre das falsch gewährte Sonderangebot von seinem Gehalt abstottern musste.

Brillen-Papa jedenfalls wirft sich ohne Rücksicht auf Verluste mit einer mutigen und unmissverständlichen Geste auf die soeben frei werdenden Plätze vorn rechts.

Die Landung misslingt etwas, was daran liegen mag, dass er in der einen Hand das Laufrad seines Sohnes und in der anderen das Bobby-Car der Jüngsten trägt. Das ältere Ehepaar, gerade im Begriff, sich ebenfalls zu setzen, hält überrascht inne. »Sorry, aber das sind Kinderwagenplätze«, schnarrt Papa der Erste in gleichzeitig beleidigtem und belehrendem Ton in Richtung Rentnerpaar. Durch die dicken Gläser ist ihm besonders gut anzusehen, wie ihn das rücksichtslose Verhalten der rüstigen Rentner wurmt. Er kämpft wohl nicht das erste und ganz sicher auch nicht das letzte Mal ums Überleben der Kleinfamilie im Moloch Berlin.

Mit einem Siegerlächeln blickt er auf Frau und Kinder und weist sie mit einladender Geste an seine Seite. Die drei setzen sich zu ihm aufs freie Polster, Brillen-Mama schaut dabei allerdings leicht beschämt und Verständnis heischend in die Runde. Das Rentnerpaar sucht derweil vergeblich den Kinderwagen der Kleinfamilie, traut sich aber nicht, noch einmal nachzufragen. Stattdessen treten sie den Rückzug an und ergattern mit Ach und Krach zwei Stehplätze im Fahrradabteil.

Ich habe noch sieben Stationen vor mir. Aber von Langeweile keine Spur. Auf den nächsten vier Stationen lernen meine Mitreisenden und ich Ronny kennen, seines Zeichens arbeitsloser Jugendlicher mit abgebrochener Schlosserausbildung auf der Suche nach dem Sinn des Lebens. Zunächst aber mal sucht er Geld. Genauer gesagt, unser Geld.

Ihm folgt dicht auf den Fersen Matze, Verkäufer des Obdachlosenmagazins »Strassenfeger«. Alle sind auf der Jagd nach ein bisschen Anteilnahme. Wenn sie sich in Münzen widerspiegelt, umso besser. Meine urlaubsbedingt etwas locker sitzende Geldbörse reagiert allerdings von Mal zu Mal zugeknöpfter. Den umstehenden Fahrgästen geht es nicht anders. Und so hat Matze die schlechtesten Karten, nicht weil er Zeitungen verkauft, sondern einfach weil er spät dran ist. Zu spät. Die meisten Münzen sind längst verteilt.

Drei Stationen stehen mir noch bevor. Ich überschlage meine bisherigen Ausgaben: Zwei Euro für die Big Band; einen Euro für Ronnys warme Mahlzeit, Matzes »Strassenfeger« dazu machte noch mal einen Euro fünfzig. Zusammen vier Euro fünfzig für fünfzehn Stationen. Ich ringe mit mir, ob ich das mal eben auf meinen für drei Tage geplanten Städtetrip hochrechne, lasse es aber bleiben, in der stillen und eindringlichen Hoffnung, dass in Potsdam ein anderer sozialer Wind weht.

Charmanterweise bildet ein älterer Herr mit adrettem, komplett ergrautem Kurzhaarschnitt und Nickelbrille den krönenden künstlerischen Abschluss der Fahrt. Kurz vor Potsdam Hauptbahnhof steht er von seinem Sitzplatz auf und begrüßt spontan und wortreich die Fahrgäste an Bord.

Der Rest seines Monologs geht in den Bahngeräuschen, vor allem aber in seinem eigenen Grundrauschen unter. Kein Wunder, weiß ich wenig später, als sein alkoholgetränkter Atem meinen Dunstkreis erreicht. Der Mann ist voll wie eine Haubitze. Trotz allem bewahrt er erstaunlich preußische Haltung. Seinen weiteren Sätzen kann ich entnehmen, dass er vom Leben im Allgemeinen und vom Alten Fritz samt Angela Merkel im Besonderen enttäuscht ist. Es bleibt allerdings unklar, ob er wirklich weiß, wer von beiden gerade das Zepter der Macht innehat.

Ich bin froh, am Sonntagabend einen Regionalzug direkt von Potsdam gebucht zu haben. Er würde eine halbe Stunde länger in die Heimat brauchen. Aber immerhin bliebe mir das künstlerische Sonntagabendprogramm erspart.

Wobei? Vielleicht sollte ich umbuchen und die fünfzehn S-Bahn-Stationen in Richtung Berlin Hauptbahnhof zum Aufbessern meiner eigenen, bereits jetzt gebeutelten Urlaubskasse nutzen? Ich bin mir sicher: Die Berliner würden mich nicht enttäuschen.

Grüße vom Sofa

Mein Handy zeigt zweiundzwanzig neue WhatsApp-Nachrichten. Aus vier Chats. Ich war zwölf Stunden nicht online. Habe schlicht vergessen, das WLAN zu aktivieren. Früher hätte das Festnetz gefunkt: »Kein Anschluss unter dieser Nummer.« Mir passiert das ab und zu. Die Welt bleibt dann draußen mit ihren tausend und noch einer Geschichte über fallende Reissäcke.

Nun allerdings hatte ich den Salat. Beziehungsweise die ungelesenen Nachrichten. Ein paar Klicks später stelle ich fest, es ist nur wenig Text, dafür springen mich umso mehr Fotos an: Freunde mit und ohne Skibrille, am Lift, vor der Bergkulisse, in der Skihütte. Meine Freunde sind in den Winterferien, und ich bin digital bei ihnen: Ich weiß jetzt, was sie essen und trinken, wie steil der Hang und wie wundervoll das Wetter ist.

Ich muss an die Postkarten meiner Kindheit denken, die ich meiner Oma aus fast jedem Urlaub schickte: »Liebe Omi, hier ist es schön. Auch das Wetter. Ich war sogar schon baden. Morgen machen wir einen Ausflug. Bis bald. Deine Brit.«

Ich habe nächste Woche Urlaub. Winterferien liegen in meiner Beliebtheitsskala ziemlich weit hinten. Vielleicht weil ich Skifahren nicht mag. Zu kalt, zu nass, zu steil. Vor allem aber wohl, weil ich es nicht kann. Ich bin eher der Frühjahrs- und Sommertyp. Ich mag es viel lieber, wenn das Thermometer für meine Reisen ein paar zweistellige Werte über null auf der Skala hat. Weil das Mitte

Februar in der näheren Umgebung nicht zu erwarten ist, wollen wir eigentlich lieber mal zu Hause bleiben. Ausschlafen, lesen, Wohnung genießen, rumbummeln, Kino, Kneipchen.

Ich könnte Postkarten an meine Freunde schicken: »Hier ist es schön. Das Sofa ist sehr bequem. Das Wetter ist schlecht, stört aber nicht, weil es ja draußen stattfindet. Morgen machen wir keinen Ausflug. Liebe Grüße, Brit.«

Eigentlich. Jetzt weiß ich, das geht so nicht. Wir können nicht einfach so zu Hause bleiben. Schließlich sind alle irgendwie irgendwo unterwegs, die weite Welt umarmen, Erlebnisse sammeln. Und neue Fotos für die Rahmen im Flur. Welche Fotos soll das bei uns geben – für den Flur und im Chat? Vom Sofa? Vom Abwasch? Von der Hausmannskost?

Ich bin infiziert. Infiziert von zu vielen Fotos glücklicher Menschen in farbenfroher Outdoorkleidung vor traumhafter Bergkulisse. Und von einer Gefühlsmischung aus »Will ich auch haben« und »Hör auf, dir den lahmarschigen Sofa-Urlaub schönzureden, faule Trulla«.

Am liebsten würde ich mir auf dem Sofa sitzend die schönsten Fotos vom Urlaubsort meiner Wahl aus dem Internet aussuchen. Und dann mit drei, vier Klicks entscheiden, in welche Kulissen unsere Gesichter montiert werden sollen. Ich am Hang. Mein Sohn bei der Abfahrt. Wir in der Berghütte. Wäre schön. Aber das ist eine Marktlücke, die offenbar noch niemand geschlossen hat. Schade.

Also nehme ich mir, kaum ist das Abendessen halbwegs verdaut, hektisch meinen Laptop. Gebe in die Suchmaschine Urlaub ein. Last Minute. Das bringt mir schlappe zwei Millionen Suchergebnisse. Ich muss wohl etwas genauer werden. Was machen wir? Am besten Skifahren. Aber das kann ich ja nicht. Also ans Meer? Ich schaue auf die Wetteraussichten für die kommende Woche. Und entdecke: Dauerregen gepaart mit Wind. Ich sehe mich an der stürmischen Ostsee stehen, die wir nach stundenlanger Anreise erschöpft erreichen, und frage mich, wie viele Stunden halten wir es wohl draußen bei viel Wasser von oben und Sturm von wahlweise vorn oder hinten aus? Und was machen wir dann, in unserem vier mal vier Meter großen Ferienzimmer? Uns nach unserem Zuhause sehnen? Nach unserem gemütlichen Lümmelsofa? Nach achtzig

Quadratmetern, in denen man sich ohne Not mal in die eigenen Räume zurückziehen könnte?

Also doch besser eine Städtereise? Ich klicke mich von Kulturerleben-in-Weimar bis zum Vier-Tage-Barcelona-hautnah-Trip durch geschätzte achttausend Angebote. Ich scheine mit meinem Suchen nicht allein zu sein. Egal, welche Seiten ich besuche, überall schauen sich mindestens zehn Personen gerade jenes Hotel, Apartment oder Hostel an. Und je länger ich suche, ohne zu buchen, desto mehr scheinen es zu werden. Muss ich betonen, dass es bei fast drei Vierteln der Angebote das letzte freie Zimmer ist, das da gerade vor meinen Augen zappelt? Wie viele letzte Zimmer es wohl in einem Hotel gab? Übersehen kann ich diesen Hinweis jedenfalls nicht, denn er wird verbraucherfreundlich und seitenübergreifend in Rot eingeblendet. In gefetteter Schrift.

Und als wäre das noch nicht genug, plaudern die Vermieter gern auch aus dem Nähkästchen: Und so erfahre ich, dass allein in den vergangenen vier Stunden ebenjenes Hotel neun Mal und das Hostel gar vierzehn Mal gebucht wurde. Es ist mir ein Rätsel, dass überhaupt noch ein Bett frei ist, wo doch ganz Deutschland im Booking-Fieber ist. Ob ich nicht einfach erst mal buche und dann nachdenke? Nicht dass wir wegen meiner Unentschlossenheit im Ringen mit einem Oberbayern, einem Nordländer oder der Dame aus dem Badischen um das schönste letzte freie Zimmer noch leer ausgehen? Und wir dann auf dem heimischen Sofa hängen mit dem Wissen: Ich hatte es verbockt. Obwohl ich wirklich eindringlich zur Eile gemahnt worden war.

Die Minuten verrinnen. Ich vergesse zu trinken, zu blinzeln, und zu denken sowieso. Die Zeit läuft, noch sechs Tage bis zum Urlaubsstart, und wir haben: nichts. Dabei ist die Welt voll von Millionen Last-Minute-Offerten.

Nach viereinhalb Stunden schwirrt mir der Kopf, meine Kehle ist trocken. Ich lehne mich zurück und lasse los vom starren Blick auf meinen Dreizehn-Zoll-Monitor. Reibe mir meinen steifen Nacken. Und frage mich: Muss ich das wirklich haben? Verstand und Herz pendeln wie früher auf dem Rummel in der schwarz-weißen Schiffsschaukel hin und her – von ja, ist doch toll, zu nö, braucht gerade kein Mensch. Vielleicht im nächsten Urlaub. Oder im nächsten Jahr. Oder im nächsten Leben.

Ich strecke mich auf dem Sofa aus. Es ist kurz nach halb zwölf. Ich spüre eine leichte Müdigkeit. Und beginne trotzdem eine kleine Meditation. Was soll schon passieren? Schlimmstenfalls verfalle ich in einen traumreichen Schlaf, in dem ich auf der Suche nach meiner Skiausrüstung durch Marrakesch renne. Bestenfalls bin ich nach zehn Minuten noch wach und habe wieder Klarheit im Oberstübchen.

Das Gute siegt an diesem Abend. Ich meditiere zwanzig Minuten. Lasse währenddessen meine Gedanken kreisen, Bilder kommen und gehen. Der Verstand mahnt zur Eile. Wahrscheinlich hat er kurz durchgerechnet, wie viele Buchungen allein in diesen zwanzig verplemperten Minuten getätigt wurden. Denn das Internet meditiert nicht. Und schläft schon gar nicht. Ich bringe meine Meditation trotzdem zu Ende. Und spüre, wie es sich zunehmend weicher, ruhiger, entspannter anfühlt.

Als ich die Augen wieder öffne, bleibe ich einen Moment ruhig liegen. Und dann fällt mir plötzlich das Buch von Tommy Jaud wieder ein: »Einen Scheiß muss ich.« Stimmt. Wie konnte ich das nur vergessen?

Ich muss im Urlaub nicht wegfahren. Ich muss nicht mal vor die Tür. Ich muss nichts. Außer atmen. Je tiefer, desto besser.

Darf's ein bisschen mehr sein? Darf. Muss aber nicht!

Vom Zucken
der Bäume

Soll ich? Der Baum bleibt stumm. Nun gut, ich habe auch nicht mit einer Antwort gerechnet. Flucht kommt für ihn allerdings auch nicht infrage, er kann ja nicht weg. Ich stehe vor dem Ahorn, und meine Gedanken kreisen. Wie bin ich nur hierhergekommen – fern der Heimat?

Ich bin mit Freunden zum Skifahren. Obwohl ich das genau genommen gar nicht kann. Mein letzter Versuch liegt unfassbare dreißig Jahre zurück. Und endete mit dem unsanften Aufschlag meines Hinterkopfes auf den Brettern, nachdem ich versucht hatte, auf dem vereisten Hang die Kontrolle über meine Beine samt den darunter befindlichen Skiern zurückzugewinnen.

Das soll dieses Jahr anders werden. Genauer gesagt, in dem vor uns liegenden Winterurlaub. Der Schnee hat sich zwar – vielleicht aus Furcht vor mir – bis in die obersten Kammlagen des Bayerischen Waldes zurückgezogen. Dort aber finden wir ihn, wenn wir uns von unserer Ferienwohnung gut dreißig Minuten in Richtung Skigebiet »Großer Arber« aufmachen. »Großes Aber« würde es vielleicht genauer treffen. Ich will Skifahren lernen, aber das Skigebiet assoziiert bereits mit seinem Namen ein großes Aber. Aber ich will es können. Kann doch so schwer nicht sein.

Vor einiger Zeit las ich in einer Zeitschrift einen Artikel über Fünfzigjährige, die das Skifahren noch gelernt haben. Noch. Ist die Formulierung nicht an sich schon eine Frechheit? So kurz vor der

Rente und doch noch gelernt. Unglaublich. Wahrscheinlich geschrieben von einem Jungredakteur unter neunzehn, der schon mit Skiern an den süßen kleinen Füßen zur Welt gekommen und direkt neben der schwarzen Piste aufgewachsen war. Schön, wenn sich bei mir nach solchen Artikeln der Erwartungsdruck noch einmal sprunghaft erhöht. Wenn es sogar Menschen über fünfzig schaffen, müsste ich es mit Ende vierzig dann nicht erst recht hinbekommen?

Unsere Urlaubsanreise mit der Deutschen Bahn jedenfalls verläuft vielversprechend. Im Sinne von erstaunlich planmäßig. Bis der Plan aus dem Takt gerät. Grund dafür ist ein Baum, der sich, vielleicht müde von zu vielen touristischen Umarmungen, unweit eines kleinen Dorfes im bayerischen Land quer über die Gleise legt. Glück im Unglück: Eine Vollbremsung unseres Zuges ist nicht nötig. Wir sind noch auf dem Weg in Richtung kleinstädtisches Nirgendwo, der Lokführer erhält prompt Bescheid, kaum dass der Baum liegt, und hat ausreichend Zeit und Platz, um zum Stehen zu kommen.

Wenig später übernimmt der Zugführer das Mikro und versucht es mit einer kurzweiligen Aufklärung der Reisenden. Wir stehen. Wie lange, ist noch unklar. Einsatzkräfte, die dem Baum unter die Äste greifen wollen, um ihn vom Gleis zu heben, sind bereits unterwegs. Doch wie lange dauert es wohl, so eine alte Eiche oder einen junggebliebenen Ahorn von den Schienen zu tragen?

Mit Blick aufs Handy stelle ich fest, dass wir nicht nur von unserem Zielbahnhof, sondern generell von der Außenwelt abgeschnitten sind. Internet? Fehlanzeige. Zum Glück läuft die Heizung. Wir sitzen also warm und trocken. Immerhin. Und dann ist da plötzlich eine Idee: Wir spielen ein Spiel, mein Sohn und ich: Wir zählen abwechselnd auf, was uns trotz der ungeplanten Aktion an positiven Dingen einfällt. Wer zuerst nichts mehr im Köcher der tausend Ideen hat, verliert. Der Ehrgeiz ist geweckt. Bei uns beiden.

Die Ideen sprudeln. Es ist erstaunlich, was man einem ungeplanten Halt mitten in der Pampa Oberbayerns an positiven Aspekten abringen kann. Wenn man nur will. Sicher, das geht auch im Negativen. Aber das bringt in unserem Spiel keine Punkte. Und eigentlich auch sonst im Leben nicht. Alles eine Frage der Perspektive. Zum Glück sind wir allein im Abteil, unfreiwillige Zuhörer gibt es also nicht. Wobei: Vielleicht hätte ja sogar einer der Mitreisenden das Rennen gemacht, angestachelt von unserem Ehrgeiz der positiven Möglichkeiten?

Erfreulicherweise macht das Spiel nicht nur gute Laune, es geht dabei auch Zeit ins Land. Gut vierzig Minuten später, der Zugführer hat sich zwischenzeitlich immer mal wieder wortreich mit einem Gruß von der Zugspitze gemeldet, ist ein Ende in Sicht. Auch wenn das Ende noch einmal weitere fünfzig Minuten dauert. Zwei Stunden später sitzen wir mit unseren Freunden endlich beim späten Abendessen und lassen den Tag vorbeiziehen.

Am nächsten Tag also Hang. Südhang mit einer ausgeprägt feinen vollmundigen Rebsorte wäre mir recht. Aber es ist der Skihang, an dem ich gleich stehen werde. Denke ich zumindest. Doch ich habe die Rechnung ohne die Skischule gemacht, die mir erst am Tag darauf einen freien Platz in einer der Gruppen anbieten kann. Immerhin darf ich schon mal Schuhe und Skier probieren. Meine Füße in den Skistiefeln fühlen sich an wie in Beton gegossen. Es ist mir ein Rätsel, wie Menschen damit auch nur die kurze Distanz zu ihren Skiern zurücklegen können, ohne sich mindestens ein Knie zu verrenken oder gleich die Beine zu brechen. Nur um sich dann zu den Betonsockeln am Fuß auch noch Zaunslatten in der Höhe des Brandenburger Tores darunterzuschnallen. Am liebsten würde ich nachfragen, ob es das Ganze auch mit weichem Fußbett gibt. Bin ich wirklich sicher, dass ich das alles will?

Zumindest meine erste Abfahrt ist also um vierundzwanzig Stunden aufgeschoben. Angesichts der sich plötzlich ergebenden Galgenfrist trocknen meine feuchten Hände langsam, und mein Puls fährt runter auf Entspannungsniveau.

Mein Sohn ist gemeinsam mit unseren Freunden längst am Hang unterwegs. Ich habe Zeit. Zeit, die ich heute nicht gemeinsam mit vier- und fünfjährigen Steppkes in hartem Schuhwerk und rutschiger Schräglage verbringen muss. Fühlt sich an wie gerade noch mal davongekommen. Ich ziehe meine Jacke fester zusammen, wickle den Schal zwei Mal um meinen Hals und stapfe in Richtung Winterwald. Die Luft ist herrlich frisch. Der Schnee knietief und unberührt. Vor mir war anscheinend noch niemand hier.

Ich laufe los, Berg hoch, Berg runter, der Schnee knirscht unter meinen Füßen. Eine gute Stunde bin ich unterwegs. Und komme langsam ins Schwitzen. Also bleibe ich stehen, um durchzuatmen. Und da sehe ich ihn. Diesen Baum. Einer unter vielen. Es ist, als wäre da eine Verbindung zwischen uns. Keine Ahnung, was für eine. Und ob das gut ist. Und vor allem, für wen. Aber plötzlich ist da diese Idee: den Baum zu umarmen. Ich nähere mich vorsichtig, der Schnee ist abseits des Weges noch tiefer. Ich sinke ein und habe Not, meine Füße wieder aus dem Tiefschnee zu ziehen. Und dann stehe ich vor ihm. Langsam schlinge ich meine Arme um ihn. Lehne mich an ihn, Wange an Borke. Die raue Schale des Ahorns kratzt an meiner Haut. Und an meinem Schal. Mist. Das zieht bestimmt Fäden.

Und nun? Was denkt man denn beim Bäumeumarmen? Ich durchforste meine Erinnerungen nach Gelesenem und Erzähltem. Nichts fällt mir in diesem doch irgendwie historischen Moment ein. Statt tiefsinniger Erkenntnisse kommt mein Gedankenkarussell wie auf dem Jahrmarkt mehr und mehr in Schwung. Von wegen achtsam hineinspüren. Ich versuche, tief Luft zu holen. Aber so nah am kratzenden Stamm ist auch das irgendwie beschwerlich. Außerdem muss ich aufpassen, dass ich nicht abrutsche und wieder im Tiefschnee feststecke. Schürfwunden an der linken Gesichtshälfte inklusive.

Mein Verstand ist gelinde gesagt irritiert. Peinlich berührt trifft es ehrlicher. Er hat Sorge, dass ich jetzt vor nichts und niemandem mehr haltmache. Wenn schon Bäume vor mir nicht mehr sicher waren? Nicht auszudenken, wenn das hier jemand sieht.

Als ich wenig später vom Ahorn ablasse, bin ich enttäuscht. Was habe ich denn erwartet? So richtig weiß ich es nicht. Aber irgendein Gefühl. Einen Aha-Moment oder so. Nichts von alledem tritt ein. Ich stehe vor dem Baum. Blicke ihn an. Es ist, als würde er mich ebenfalls anschauen. Und sein Blick sagt: An mir lag es nicht. Schönen Dank, du Ahorn. Vielleicht sollte ich es in der Heimat noch mal mit einer deutschen Eiche probieren?

Ich habe Zeit, die kommenden Tage in aller Ruhe über diese Idee nachzudenken. Denn der Urlaub verläuft weiter so hübsch unerwartet. Nicht nur dass das Skifahrenlernen erst am nächsten Tag stattfinden soll. Nein, am nächsten Tag fällt es ganz aus. Mein Sohn hat sich einen Infekt geholt und liegt mau in den Kissen. Ich mag ihn nicht allein in einer Ferienwohnung fernab vom Großen Arber zurücklassen.

Und sehe es irgendwie auch als Zeichen. Das ich möglicherweise besonders deutlich erkennen will, weil es mir ganz entgegenkommt. Vielleicht muss man mit über vierzig, genauer gesagt, kurz vor der Fünfzig, auch nicht mehr alles lernen? Skifahren zum Beispiel. Das könnte ich dem nachpubertierenden Jungredakteur mal mit auf den Weg geben: wie sie sich anfühlt, die Freiheit vom Nochlernenmüssen.

Wir lassen die Tage ruhig angehen. Dieser Urlaub ist anders als gedacht. Und trotzdem schön. Und ich bin froh, ihn genau so genießen zu können, wie er sich zeigen will. Die Bahn belohnt uns zum Abschluss mit einer entspannten und pünktlichen Reise nach Hause. Auch irgendwie unerwartet. Aber auch schön.

Im Sommer wollen wir ans Meer. Vielleicht sollte ich kraulen lernen? Mal so eben knapp vor der Fünfzig? Ist ja nur so eine Idee.

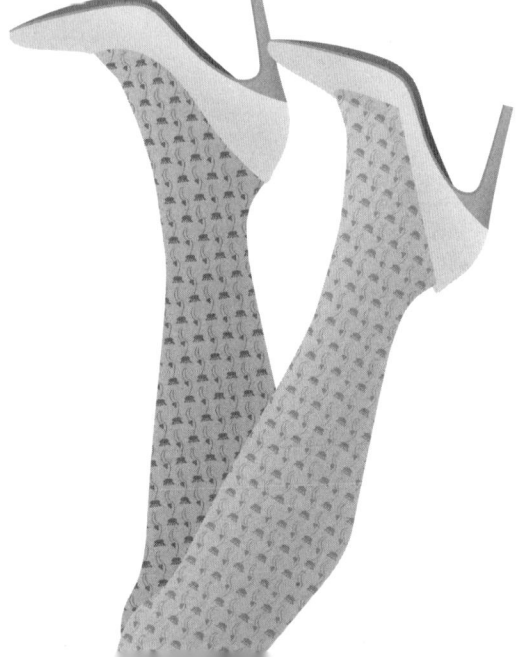

Atemlos am Laufband

Gestern bin ich an einem Laufband außer Puste gekommen. An. Nicht auf einem. Ich war im Supermarkt. Nicht im Sportstudio. Ich habe lediglich meine Einkäufe aus aufgerundet fünfundzwanzig Artikeln vom Band im Einkaufswagen verstaut. Zu meiner Entschuldigung könnte ich vorbringen: Die Kassiererin war schnell. Sehr schnell. Ein Piep jagte sozusagen den nächsten. Trotzdem weiß ich: Auf der nach oben offenen Schnappatmungs-Skala kommt jetzt eigentlich nur noch Atemnot auf der fahrenden Rolltreppe. Wie hatte ich es so weit kommen lassen können?

Nun gut, ich weiß es nicht erst seit gestern: Bei meiner Ausdauer ist noch deutlich Luft nach oben. Regelmäßig werde ich auf dem Elberadweg von Radlern jedes Alters überholt. Obwohl auch ich mit dem Fahrrad unterwegs bin. Fahrend, wohlgemerkt. Die versteckten Akkus an den Rädern der anderen suche ich immer wieder vergebens. Auch wenn ich es gern glauben würde, es sind nicht die E-Bikes, die mich auf dem Radweg stehen lassen. Jedenfalls nicht nur. Es sind wohltrainierte Radler. Die beim fröhlichen Strampeln noch genügend Sauerstoff in der Lunge haben, um sich gut gelaunt über die Pläne fürs bevorstehende Wochenende zu unterhalten.

Ich hingegen habe maximal noch Ausdauer für innere Monologe. Die sich meist um zwei Themen drehen: Wieso herrscht eigentlich immer Wind von vorn, wenn ich auf dem Rad sitze? Der dann, wenn ich am Ende des Arbeitstages auf dem Rückweg bin und damit in die andere Richtung fahre, charmant gedreht hat und wieder von vorn kommt. Und warum war ich heute Morgen mit diesem windigen Wissen im Gepäck trotzdem nicht mit dem Auto gefahren?

Neulich zeigte eine sechsjährige süße Göre beim Bäcker mit dem Finger auf mich und fragte ihre Mutter: »Wieso ist die Frau so rot im Gesicht?« Ich kam gerade von der Arbeit und hatte dreißig Minuten Radfahren bei Gegenwind in den Knochen. Es fühlte sich an wie die Besteigung des Mount Everest. Und offenbar sah ich auch so aus. Die Mutter versuchte redlich, aber vergeblich, ihre grundehrliche Tochter mit Windbeuteln, Schokokeksen und Erdbeertörtchen von der vor ihr stehenden Leuchtboje abzulenken. Und fragte sich wahrscheinlich selbst im Stillen, warum diese in der Blüte ihres Lebens stehende Frau so kurzatmig und rostrotwangig war. Wenn es mal nur die Wangen gewesen wären.

Aber es ist auch nicht nur das Radfahren. Nein. Ich komme ins Hecheln, wenn ich einer Straßenbahn mehr als fünfzig Meter hinterherrennen muss. Ganz zu schweigen vom Treppensteigen, Schwimmen oder Inlineskatesfahren. Dabei zählte Sport früher zu meinen Lieblingsfächern, ließ man Bodenturnen mal außen vor. Keine Kletterstange zu hoch, keine Laufstrecke zu lang. Wann eigentlich hatte ich den sportlichen Anschluss verloren?

Vor gut zehn Monaten habe ich meine Mitgliedschaft im Sportstudio gekündigt. Mein Vertrag hatte sich nur wenig vorher um ein weiteres Jahr verlängert. Schön, dass zumindest das automatisch funktionierte. Meiner schlechten Kondition hatte die jahrelange Mitgliedschaft jedenfalls nichts anhaben können. Lag wohl daran, dass ich die Räumlichkeiten mehr so vom Vorbeigehen kannte. Die Monate vor der Kündigung pflegte ich dann auch nur noch eine Art stiller Mitgliedschaft. So still, dass ich mich erst gar nicht blicken ließ. Höchstens mal, um auf leisen Sohlen direkt in die Sauna zu tappen. Und zwar ohne dass ich mich vorher auf dem Laufband ins Schwitzen gebracht hatte. Wozu auch? Der Schweiß floss ja bei neunzig Grad und frischem Aufguss auch ganz ohne Bewegung.

Brauchte ich mal ein sportliches Erfolgserlebnis, ging ich Montagmorgen zur Rückengymnastik. Hier war ich um diese frühe Stunde mit Abstand die Jüngste. Die Beweglichste allerdings nicht. Hätte mir auch schon zu denken geben müssen.

In wenigen Wochen nun läuft der Mitgliedsvertrag endlich aus. Und mir geht im selben Atemzug die Puste aus. Super Timing. Plan A, das Fitnesscenter, hatte ich abgewählt. Einen Plan B habe ich allerdings nicht in der Tasche. Sollte ich aber.

Immerhin ist es bis zu meiner Rente noch eine gewisse Wegstrecke. Ein bisschen Puste wäre dabei hilfreich. Also doch Zeit für einen Plan B. Klingt ein bisschen nach Steuererklärung, die ganz sicher nicht auf einen Bierdeckel passen würde. Sollte man mal angehen. Im Sinne von erledigen. Jetzt aber wirklich. Die Tage gehen ins Land. Die Steuererklärung steht in den Startlöchern. Die sportlichen Aktivitäten auch. Aber von nichts kommt nichts. Auch und erst recht nicht aus Startlöchern.

Eine erneute Mitgliedschaft im Fitnesscenter fällt aus. Immerhin bin ich mir darin absolut sicher. Ja, es gab Zeiten, da fand ich es toll, gemeinsam mit anderen Sattel an Sattel auf der Stelle zu treten. Aber das zählte wohl eher unter jugendlichen Leichtsinn. Oder frühkindlichen Wahnsinn. Ist jedenfalls lange her. Doch ausgerechnet jetzt, mit zunehmendem Alter, latenter Osteoporose-Gefahr und einem Mangel an diesem und einem Zuwenig an jenem erlaube ich mir, vom Sattel zu steigen. Ich sag's ja: schlechtes Timing. Wenn das mein Hausarzt erfährt. An die Krankenkasse will ich erst gar nicht denken. Wenn es rauskommt, brauche ich mit dem Beistand der sonst stets warmherzigen Stimme von der Hotline jedenfalls nicht mehr zu rechnen.

Ich könnte mir einen Hund zulegen. Der mich dreimal am Tag vor die Tür zerrt. Am besten einen Jagdhund. Der, kaum hat er frische Luft gewittert, mit mir zu den Elbwiesen hechelt, um über dieselben zu toben. Und zwar mit mir. Allein bei der Vorstellung des Tempos komme ich außer Puste.

Wahrscheinlicher wäre allerdings, dass ich ihn mit meiner Bleibsitzen-Mentalität anstecke und er es sich nach einigen gescheiterten Versuchen, mich nach draußen zu kriegen, neben mir auf dem

Sofa gemütlich macht. Immerhin könnten sich dann unsere beiden inneren Schweinehunde Seite an Seite auf dem Sofa über das sowieso nie passende Wetter für sportliche Aktivitäten austauschen. Und wir würden zustimmend nicken; der Hund und ich.

Ich will Kondition am liebsten, ohne mich zu bewegen. Kalorien gibt es doch auch an jeder Ecke »to go«. Wieso eigentlich keine Kondition? Ich könnte am Wochenende joggen gehen. Klingt gut, ist mir aber zu anstrengend. Außerdem soll es Regen geben. Ich mag es, wenn das Wetter auf meiner Seite ist.

Nur: Wem drücke ich denn nun so kurzatmig meinen Wochenendeinkauf aufs Auge?

Früher Vogel

Gestern Mittag habe ich mir eine halb volle Schüssel Tomatensuppe samt Croutons über Strickrock und Long-Jacke gekippt. Ich konnte zusehen, wie das satte Rot italienischer Tomaten langsam in die petrolfarbene Wolle sickerte. An einem Donnerstag, dem Zwölften. Was, bitte schön, sollte da heute noch groß kommen, was ich nicht schon gestern mitgemacht hatte? Aber wie heißt es so schön: Irren ist menschlich. An solchen Tagen scheinbar ganz besonders.

Mein Wecker klingelt früh. Ich habe frei. Und trotzdem viel vor. Oder gerade deshalb. Die letzten Wochen über waren viele Dinge liegengeblieben. Zeit, sie endlich auf den Weg zu bringen. Meine Liste ist lang. Als ich beim Durchlesen beim letzten Punkt ankomme, habe ich längst vergessen, dass das ein besonderer Freitag sein könnte. Die gut gelaunte Morgencrew im Radio jedoch nicht. Im Halbstunden-Takt erinnert sie pflichtbewusst auch ihre Hörer daran. Und hat dabei stets Fakten, Fakten, Fakten aus der Welt der Statistiken im Gepäck. Die allerdings mehr verwirren als helfen. Denn: Es gab zwar einerseits weniger Unfälle. Andererseits aber auch wieder jede Menge komische Begebenheiten und Vorfälle, die sich je nach Grad des Aberglaubens dem Tag zuschreiben ließen oder eben nicht. Unterm Strich fühlten sich viele Menschen irgendwie verunsichert. Toll. Wen das Thema bis dahin noch nicht beschäftigt hatte, der war spätestens jetzt so irritiert, dass er sich höchstwahrscheinlich fragte: Sollte ich besser gar nicht erst das Haus verlassen? Schön, wenn vor den Türen und Toren der Stadt diese allgemeinen Verunsicherungen aufeinandertrafen. Immerhin ließen sich solche Fälle dann im kommenden Jahr in der Statistik nachlesen. Oder -hören.

Ich will keine weiteren Details, schalte das Radio aus und werfe einen Blick aus dem Fenster. Das Wetter ist überraschend gut. Ich beschließe, nach langer Winterruhe endlich wieder mein Fahrrad aus dem Keller zu holen. Allerdings bemerke ich nach wenigen Metern auf dem Sattel, dass ich für die frühen Temperaturen eindeutig die falschen Klamotten trage.

Komisch, durchs Küchenfenster sah das alles viel freundlicher aus. Und wärmer. Waren nicht Sonne und Temperaturen im zweistelligen Bereich vorhergesagt? Galt wohl erst, wenn auch auf der Uhr zweistellige Werte erreicht wären. Bis dahin dauert es allerdings noch etwas. Ich bin zu faul, noch mal umzudrehen. Also versuche ich, mit der einen Hand den Lenker zu halten und mit der anderen meine Jacke am Hals zusammenzuraffen, um das fehlende Tuch zu ersetzen.

Ein Radler in neonfarbenem Trikot und engem Beinkleid strampelt zügig an mir vorbei. Er trägt ein Tuch um den Hals. Der Glückliche. Wenig später allerdings rutscht er aus voller Fahrt in Resten von Streusand mit dem Hinterrad weg und stürzt der Länge nach hin. Ich stoppe und eile ihm zu Hilfe; frage, ob ich einen Arzt rufen soll. Glück im Unglück: Er hat sich nur leicht verletzt. Wir setzen uns trotzdem erst einmal neben dem Radweg ins feuchte Gras. Erst jetzt merke ich, wie auch mir der Schreck in den Gliedern sitzt. Mein Kreislauf verabschiedet sich ohne weiteren Kommentar direkt in den Keller. Am liebsten würde ich mich ins morgenfrische Grün legen, um das Blut wieder in die richtigen Bahnen zu lenken. Auch der Radler schaut mich an, als überlege er, ob er besser mir mal eben den Notarzt ruft. Im gegenseitigen Einverständnis verzichten wir darauf. Eine gute Viertelstunde später sind wir beide wieder so beieinander, dass wir uns sattelfest genug fühlen, um jeder unserer Wege zu fahren.

Ich schüttle mich gedanklich kurz durch. Nur jetzt kein Aberglaube – von wegen Freitag der Dreizehnte! Also nehme ich neu

Anlauf und entscheide mich beim Weiterfahren für eine Abkürzung durch die Nebenstraßen. Drei Ecken später entdecke ich zwei Kleinwagen, die sich in der Enge einer Querstraße gegenüberstehen. Am Steuer Herren älteren Semesters. Keine Ahnung, wer zuerst mit seinem Gefährt da war. Jetzt jedenfalls stehen sie Stoßstange vor Stoßstange, und keiner will weichen. Beim Vorbeischlängeln bemerke ich die Entschlossenheit in ihren Gesichtern, die deutlich macht: Ich fahre ganz sicher nicht zurück. Fehlt nicht viel, und sie steigen aus, um sich über die Wahl der Waffen zu verständigen. Wie lange sie wohl hier verharren werden? In knapp drei Wochen ist Monatsende. Dann gibt es wieder Rente. Möglicherweise wird das ja ein Grund, den Rückzug anzutreten?

Habe ich diesen Tag am Ende doch unterschätzt? Liegt irgendetwas in der Luft? Ein eventuell hochexplosives Gemisch aus normalem Wochentag und launischer Primzahl? Ich beschließe, erst mal einen Zwischenstopp im Café einzulegen und mein Frühstück nachzuholen. All diese Eindrücke auf nüchternen Magen fühlen sich gerade nicht gut an. Immerhin finde ich ohne Mühe einen freien Tisch am Fenster und bestelle mir Rührei mit Toast. Geht doch. Am liebsten würde ich der Welt mit Loriots Worten zurufen: »Ich möchte jetzt einfach nur hier sitzen.«

Nicht dass »einfach« stets einfach wäre oder ich eine Antwort erwartet hätte. Doch dem Freitag scheint das egal zu sein. Er will antworten. Ich genieße das Rührei. Und stelle mit einem Blick auf meine Hose fest, dass sich zwischenzeitlich ein daumengroßes Stück vom Ei einen Platz auf ebenjener gesucht hat. Fettfleck frei Haus. Muss ich erwähnen, dass es wenig später zu regnen beginnt? Regen, der nicht vorhergesagt war? Und dass ich keine Regenjacke dabeihabe? Dafür aber eine Jacke mit offenem, weil nicht vorhandenem Kragen? Schön, dass sich die Temperaturen im Gegenzug jetzt doch im einstelligen Bereich eingerichtet haben. Wenn das ein Ausgleich zum stärker werdenden Regen sein soll, habt ihr da oben leider das Prinzip nicht ganz verstanden!

Nichts von den Dingen, die auf meiner langen Liste stehen, habe ich bislang erledigt. Nur ich bin hinüber. Obwohl das gar nicht auf meiner Liste steht. Mir reicht es. Ich bin nicht wütend oder traurig.

Ich bin einfach nur erschöpft. Es fühlt sich an wie zu lange Privatfernsehen geschaut – zu viele schnelle Bilder aus Drama, Krimi und Werbung. Wie bekomme ich diesen schlechten Film nur wieder aus dem Kopf? Die Zusammenfassung der vergangenen Stunde: falsche Kleidung, Unfall auf dem Radweg, Kreislauf auf Abwegen, Kleinkrieg in der Nebenstraße, Fettfleck auf der Hose. Wollte ich wirklich noch mehr? War ich dafür so früh aufgestanden?

Von wegen »der frühe Vogel fängt den Wurm«. Wer hatte sich diesen Spruch eigentlich ausgedacht? Stammte wahrscheinlich aus dem Englischen. Und jemand hatte bei der Übersetzung geschlampt. Sicher an einem Dreizehnten. Dumm gelaufen.

Und wer sagt denn, dass der frühe Vogel wirklich einen Wurm fängt? Fangen will? Möglicherweise litt er einfach nur an Nachtschweiß unterm Federkleid. Oder unruhigen Beinen. Und fand deshalb keinen Schlaf mehr. Aber deshalb Würmer fangen? Der zarte Geselle würde sich wohl eher an sein befiedertes Köpfchen greifen und fassungslos fragen: Wurm? Um diese Zeit? Auf nüchternen Magen? Sonst noch was? Dieser wesentliche Umstand aber war bei einem Großteil der Menschheit nicht mehr angekommen. Und so rannten wir seitdem dem frühen Vogel hinterher. Um angeblich zu nachtschlafender Zeit den großen Wurf landen zu können.

Jetzt also lief das falsche Programm. Und wenn es so weiterging, auch noch eines ohne Happy End. Schöne Aussichten. Ich sollte meine heutigen Vorhaben noch einmal kritisch überdenken. Und ja nichts tun, was von Bedeutung sein könnte. Es würde die Weichen in meinem Leben möglicherweise für immer und ewig auf Misserfolg stellen.

Und nun? Lieber shoppen? Besser nicht. Am Ende stand ich in einer überbeleuchteten Umkleidekabine, mit einer zu engen Jeans an den Hüften, die sich ab halber Oberschenkelhöhe plötzlich und unerwartet nicht weiter nach oben ziehen ließ. Nach unten leider auch nicht. »Modell SlimFast«, würde ich erst dann auf dem zwischen Hose und Haut klemmenden Verkaufsschild entziffern können. Offensichtlich hatte sich die Hose unbemerkt ins Regal der »ComfortPlus« gemogelt, um das Selbstwertgefühl der Kundinnen binnen Sekunden unter den staubigen Teppich zu kehren. Also

Eis essen? Kein Appetit. Mir liegt das Rührei noch mächtig im Magen. Wahrscheinlich zu viel Fettgehalt. Nicht nur auf meiner Hose.

Am liebsten würde ich mich im Garten der benachbarten Seniorenresidenz zu den alten Leuten auf die Bank setzen. Wir könnten uns Geschichten von früher erzählen. Wie schön es da war und so. Und wenn uns irgendwann die Themen ausgingen, würden wir einfach wieder von vorn anfangen. Es gäbe gegen elf Uhr Mittag, kurz nach zwei ein kleines Stück Diät-Gebäck, damit der Blutzucker nicht durch die Decke ging, und bis spätestens siebzehn Uhr wäre auch das Abendessen erledigt. Ich könnte kurz nach sechs im Bett liegen und vor diesem Tag demütig die Augen schließen.

Bei Lichte betrachtet würde ich unter den Rentnern höchstwahrscheinlich nicht einmal auffallen. Der Tag hatte mich binnen Stunden mächtig alt aussehen lassen. Ich hatte zwar gestern meine Haare frisch getönt. Aber das hatten die meisten Damen auf der Seniorenbank sicher auch. Wo doch bei ihnen der Friseur ins Haus kam. Für mich hingegen grenzt es fast an ein Wunder, dass sich mein selbst angerührter Farbton nicht über Nacht in Aschfahl-Aubergine verwandelt hatte.

Wie aufs Stichwort nimmt am Nachbartisch eine alte Dame mit Krückstock Platz. Ihr Haar glänzt silbern. Das Gehen fällt ihr sichtlich schwer. Der Mann an ihrer Seite, wohl ein Betreuer aus der Seniorenresidenz, organisiert ihr unaufgeregt Kaffee, Kuchen und Eis nach ihren Wünschen. Nicht unbedingt nach den neuesten Diät-Empfehlungen. Aber das brauchte ja niemand zu erfahren. Als die zwei vor den Leckereien sitzen, setzt die Dame zum Reden an: »Nun stellen Sie sich mal vor …« Ich spitze erwartungsvoll die Ohren, ihr entschlossener Tonfall hat mich neugierig gemacht. Was folgt, ist Stille. Sie schaut ihn verdutzt an und meint wenig später: »Jetzt hab ich es vergessen.«

»Geht den Menschen wie den Leuten«, antwortet ihr Zuhörer und lächelt warmherzig. Und blickt wenig später auch in meine Richtung. Ob er etwas von meinen Missgeschicken ahnt? Ich könnte ebenso anheben: »Nun stellen Sie sich mal vor …«, und dann einfach die Pausentaste drücken. Den Tag mit seinen kleinen und größeren Geschichten schlichtweg vergessen. Morgen ist ein neuer

Tag. Und wenn es gut läuft, bin ich wieder mit am Start. Allerdings nicht zu nachtschlafender Zeit. So viel steht fest.

Ich hoffe nur, ich habe mir heute nicht so eine fiese Paraskavedekatria-Phobie eingefangen. Zu gut Deutsch: Angst vor einem Freitag, dem Dreizehnten. Ich greife nach meiner Tasche und nehme den Kalender heraus. Überfliege die kommenden Monate. Da: Im Herbst fiel tatsächlich noch mal ein Freitag auf die Dreizehn. Sollte ich mir vielleicht besser einen Tag Urlaub aufheben? Sicherheitshalber?

Tomatensuppe würde es an diesem Tag bei mir jedenfalls nicht geben. Und auch nicht am Tag vorher. Höchstens belegte Brote. Mit Scheibenkäse. Der tropft wenigstens nicht. Obwohl man da auch nicht absolut sicher sein konnte.

Ich packe den Kalender zurück in die Tasche. Und finde dabei meine Liste der Dinge, die ich heute erledigen wollte. Mit einem kurzen Blick überfliege ich sie; dann – nahezu lautlos und unauffällig – zerreiße ich sie unter dem Tisch. Ich bin ja wirklich nicht abergläubisch, aber manche Dinge sollte man sich besser für einen anderen Tag aufheben.

Und nun? Ich lehne mich zurück, winke die Kellnerin ran und bestelle mir einen großen Kaffee und ein Stück Apfelkuchen mit Decke. Ich hab' jetzt viel Zeit. Der Tag ist noch jung.

Nachwort

Die Mail der Lektorin kam 48 Stunden nachdem sie meine Geschichten zum Lektorat erhalten hatte. Da der Nachricht keine Dokumente anhingen, konnte das nur eines bedeuten: Sie würde mir freundlich, aber bestimmt absagen. Und mit einem *Hochachtungsvoll* unterzeichnet haben.

Damit würde diese Mail haargenau in das Muster des bisherigen Tages passen: Am Morgen hatte ein Anruf aus dem Büro das geschäftige Treiben in meine Stube schwappen lassen, am Mittag meldete sich die Schule, um mir mitzuteilen, dass mein Sohn krank sei; am Nachmittag war unsere geplante viertägige Reise in den Spreewald endgültig dabei, den Bach runterzugehen – da hatten wir die Fließe noch nicht einmal angesteuert. Ich saß auf dem Balkon unserer Wohnung und hatte für all das schlicht und ergreifend keinen Plan mehr.

Just in jenem Moment also signalisierte mir mein Handy mit einem leisen Pling den Eingang einer neuen Nachricht. Als ich den Absender der Lektorin las, war mir klar: Diese Mail würde ich heute ganz sicher nicht lesen. Mein Bedarf war gedeckt. Meine Neugier sah das allerdings anders. Und siegte. Und der Tag nahm eine Wendung.

Liebe Frau Dr. Badaljan, Sie werden mir verzeihen, wenn ich aus Ihrer ersten Mail, der noch weitere schöne folgten, zitiere:

»*... Amüsement ist ja nicht bei jedem Lektorat inklusive, aber bei* *und mit Ihren Texten können wir uns auf einen launigen Frühlings-/ Sommermonat einstellen, und ich schwinge mich jetzt mal auf besagtes Möbel und auf Ihre Wellenlänge ein.«*

Ich las die Mail viermal, kniff mich doppelt so oft, um sie zu glauben, und bekam zum Schluss das Grinsen nicht mehr aus dem Gesicht! Sie war der Beginn einer überaus konstruktiven Zusammenarbeit, die wir in Zeiten des digitalen Kontaktüberschusses glücklicherweise auch persönlich genossen. Am Ende haben Sie, liebe Frau Badaljan, genau das getan, was Sie in Ihrer ersten Mail versprachen: sich mit Ihren kritisch-wohlwollenden Anmerkungen und farbenfrohen Korrekturen auf meine Wellenlänge eingeschwungen und meinen Texten den größten Dienst erwiesen. Ich danke Ihnen herzlich dafür!

So nahm die Verwirklichung dieses Buchprojektes ihre wundervolle Fortsetzung. Eines Projektes, das mit einem riesigen Vertrauensvorschuss begann – dafür dem SAXO-Phon Verlag großen Dank, allen voran seiner Geschäftsführerin Cornelia Michaelis und ihrer Kollegin Romy Werner, die beide in einer äußerst charmanten Mischung aus freundlicher und hartnäckiger Nachfrage dafür sorgten, dass dieses Buch auf den Weg kam.

Wie zauberhaft, dass der Grafiker Thomas Walther mit seinen Kolleginnen und Kollegen den »Grüßen vom Sofa« die aus meiner Sicht perfekt passende »Hülle« verliehen hat – und das, obwohl er weder mein Sofa noch meine Liebe zu Punkten, Blumen und bestimmten Farben kannte. Ein großes Dankeschön dafür! Denn letztlich ist es wie bei Pralinen: Schön, wenn der Inhalt schmeckt, aber zuerst mal muss die Verpackung stimmen!

Danke Dir, mein Großer, dass Du in wundervoll unaufgeregter Weise den einen oder anderen Beitrag für meine Geschichten lieferst! Ich liebe Dich. Und Deine Lautsprecher auch, irgendwie.

Danke Dir, Bruderherz, dass Du trotz oder eben auch wegen familiärer Nähe stets wunderbar Klartext redest. Du baust mir das Fundament, denn wenn ich Dich mit meinen Texten »knacke«, besteht die höchstmögliche Wahrscheinlichkeit, dass meine Leser die Geschichten mögen werden.

Danke, Katja, dass Du Dir in unzähligen Laufrunden und weinseligen Tapas-Abenden meine enthusiastischen Berichte über mein Buchprojekt mit Beste-Freundinnen-Gespür nicht nur angehört, sondern sie dazu freudig kommentiert hast.

Danke, Susann, dass ich mit Deiner Hilfe und Unterstützung meiner Schreiblust an meinen Lieblingsplätzen frönen konnte!

Danke, Kerstin, dass Du mir schon vor gut zwei Jahren versprochen hast, von meinem ersten Buch fünf Exemplare zu kaufen. Du erinnerst Dich? Ich freu mich!

Tja, und da bereits das Grimm'sche Märchen von Dornröschen gezeigt hat, wie es enden kann, wenn einer vergessen wird, bitte ich an dieser Stelle um Nachsicht bei allen, die hier nicht genannt sind, aber hätten unbedingt genannt werden sollen, müssen, dürfen. Es ist mein erstes Buch. Ich übe noch! Es kann nur besser werden.

Was ich aber auf gar keinen Fall vergessen werde, ist Folgendes: Ich bin sehr glücklich und dankbar, dass dieses Buch erscheint. Und deshalb gilt das letzte Wort des Nachworts Ihnen, liebe Leserinnen und liebe Leser: Ich hoffe und wünsche Ihnen sehr, dass die Lektüre der »Grüße vom Sofa« Ihnen so manches Stündchen erheitert. Ich habe es richtiggehend genossen, meine alltäglichen Begegnungen diesseits und jenseits des Sofas zu Papier zu bringen. Nicht selten hat mir das Aufschreiben letztlich meinen Tag nicht nur gerettet, sondern sogar versüßt. Das eine oder andere Mal ertappte ich mich bei dem Gedanken, dass mir das möglicherweise alles nur passiert, um es in Geschichten verarbeiten zu können. Sollte es so sein, kann ich nur sagen: Danke, liebes Leben!

Allerdings frage ich mich nun: Was mache ich denn mit all den kommenden Begegnungen im alltäglichen Übermut des Lebens? Aufschreiben? Dann könnte es wohl schneller als gedacht »Neue Grüße vom Sofa« geben. Irgendwo muss der ganze Spaß ja hin! In diesem Sinne auf bald und herzliche Grüße vom Sitzmöbel!

Ihre
Brit Gloss
Dresden, im Juni 2017

Biografie

Grit Bloß alias Brit Gloss, 1968 in Dresden geboren, hatte schon im zarten Alter von sechs Jahren Spaß am Geschichtenerzählen. Nach dem Abitur studierte sie trotzdem erst mal etwas Handfestes und zog fürs Betriebswirtschaftsstudium nach Berlin. Nach Stationen bei der Deutschen Welle und der taz folgte sie Ende der Neunzigerjahre dem Ruf zurück nach Dresden und begann ein Traineeprogramm bei der Sächsischen Zeitung.

Auch wenn die Begeisterung fürs Schreiben stetig wächst – der DDV Mediengruppe hält sie bis heute die Treue und arbeitet für die Unternehmenskommunikation der Verlagsgruppe.

Impressum

© SAXO'Phon GmbH
Ostra-Allee 20, 01067 Dresden
www.saxophon-verlag.de
© Umschlagillustration www.oe-grafik.de

1. Auflage, August 2017
Autorin: Brit Gloss
Grafische Gestaltung: Thomas Walther, BBK
Satz: www.oe-grafik.de
Druck: CPI Moravia Books
Alle Rechte vorbehalten | Das Werk einschließlich aller seiner Teile ist
urheberrechtlich geschützt. Jede Verwertung außerhalb der engen Grenzen
des Urheberrechtsgesetzes ist ohne Zustimmung unzulässig und strafbar.
Das gilt insbesondere für Vervielfältigungen, Übersetzungen, Mikroverfilmungen
und die Einspeicherung und Verarbeitung in elektronischen Systemen.

ISBN 978-3-943444-70-4